Punto de encuentro

Conflictos interiores

La personalidad y sus trastornos

Xavier Caseras i Vives

Punto de encuentro

Conflictos interiores

La personalidad y sus trastornos

Xavier Caseras i Vives

OCEANO

Colección Punto de Encuentro

Dirección
Dr. Josep M.ª Farré Martí

Diseño de colección
Ferran Cartes / Montse Plass

Idea original de cubiertas
Ramón Tubert / Andrés Martí

Conflictos interiores
La personalidad y sus trastornos
© Xavier Caseras i Vives, 1999

© OCEANO GRUPO EDITORIAL, S.A., 2001

EDIFICIO OCEANO
Milanesat, 21-23
08017 Barcelona (España)
Tel. 93 280 20 20* Fax 93 203 17 91
www.oceano.com

Reservados todos los derechos. Quedan rigurosamente prohibidas, sin la autorización escrita de los titulares del copyright, bajo las sanciones establecidas en las leyes, la reproducción total o parcial de esta obra por cualquier medio o procedimiento, comprendidos la reprografía y el tratamiento informático, y la distribución de ejemplares de ella o mediante alquiler o préstamo público.

IMPRESO EN ESPAÑA - *PRINTED IN SPAIN*

ISBN: 84-494-1780-5
Depósito legal: B-49438-XLIII

Agradecimientos

*A Rafael y Josep Maria, mis maestros
en el laboratorio y en la clínica.*

*A Susana, Santi y Anouska, por su incombustible
paciencia y valiosa ayuda en la redacción de este libro.
A ellos también les pertenece.*

*A mis pacientes, pues han sido fuente
de inspiración y de aprendizaje.*

*A mi familia, por su apoyo en todo momento
y por prestarme sus nombres con el fin
de mantener el anonimato de los casos clínicos
en este libro contenidos.*

*A los responsables de la colección,
por creer en la necesidad de una obra
de esta índole y por ofrecerme la oportunidad
de participar.*

Sumario

1. **La importancia de la personalidad**
   1.1. Isabel o la falta de autosuficiencia   9
   1.2. Rafael o la inflexibilidad   12
   1.3. Dos casos distintos con un mismo problema   14
   1.4. Salud y personalidad   15
   1.5 Los objetivos de este libro   17

2. **¿Qué es la personalidad?**
   2.1. Personalidad y semántica   19
   2.2. De lo particular a lo general: rasgos y dimensiones   22

3. **Cómo se forja la forma de ser**
   3.1. Interacción entre biología y ambiente   33
   3.2. El genotipo: la huella genética   34
   3.3. Los factores ambientales   39

4. **Un ejemplo paradigmático de desarrollo de la personalidad**
   4.1. Silvia: ansiedad y trastorno de la personalidad   53
   4.2. La madre: protectora, indecisa e insegura   58

4.3. El padre: poco sociable, perfeccionista
y obsesionado con su trabajo   59
4.4. Los trastornos de Silvia: la genética
y los estímulos familiares   60

5. Cuando la personalidad está enferma
5.1. La interacción con el entorno   61
5.2. ¿Qué significa trastorno
de la personalidad?   62
5.3. Un «mal cotidiano»   64
5.4. Relación con otros trastornos mentales 68
5.5. ¿Categorías o dimensiones?   71

6. Un perfil que se repite: los ansiosos
6.1. ¿Cómo se caracteriza la ansiedad?   79
6.2. Algunas evidencias experimentales   82
6.3. Casos clínicos   87
6.4. Tratamiento   92

7. El desorden conductual: los impulsivos
7.1. Disparidad de factores causantes   98
7.2. Algunas evidencias experimentales   104
7.3. Casos clínicos   108
7.4. Tratamiento   115

8. La peculiaridad como alteración: los esquizoformes
8.1. Un trastorno que no pasa desapercibido 123
8.2. Un patrón conductual semejante
al de la esquizofrenia   124
8.3. Algunas evidencias experimentales   127
8.4. Casos clínicos   132
8.5. Tratamiento   139

9. Consideraciones finales   145

1. La importancia de la personalidad

1.1. Isabel o la falta de autosuficiencia

**Una adicción a los analgésicos
por un persistente dolor de cabeza**

Isabel era una mujer de 38 años, casada y madre de una niña. Llegó al Servicio de Psiquiatría y Psicología enviada por el último neurólogo que la había estado tratando por un constante e incapacitante dolor de cabeza de dos años y medio de evolución. Durante ese tiempo, la afectada había consultado a múltiples especialistas, se había sometido a incontables pruebas de todo tipo y probado gran cantidad de fármacos con escaso resultado. En anadidura a su problema médico, había generado una importante adicción a los analgésicos, tomando, aun sin conseguir aliviar su malestar, un mínimo de siete diarios. Tras diversos intentos fallidos para eliminar dicho consumo, su médico la derivaba al psicólogo con la esperanza de que éste tuviera más éxito.

En la historia clínica de Isabel, no destacaba ningún antecedente médico ni psiquiátrico relevante; es decir, hasta el momento en que se inició el dolor de cabeza crónico, había gozado de buena salud, con alguna que otra pequeña dolencia, pero nada fuera de lo común. Tampoco habían existido dificultades familiares o sociales que llamaran la atención. Hasta el comienzo del cuadro clínico, había trabajado con normalidad y llevado una vida familiar y social que ella misma calificaba de satisfactoria.

Un conjunto de hechos «estresantes»

A pesar de ello, los primeros síntomas coincidieron en el tiempo con una serie de sucesos «estresantes», y probablemente esto no fuera una simple casualidad. Por entonces, iba a ser promocionada en su trabajo, se la trasladaba a una nueva oficina en la que disfrutaría de más autonomía y de mayores responsabilidades, pasando a tener a dos personas bajo su cargo. Curiosamente, su marido también mejoró su situación laboral, en este caso con un inconveniente: trabajaría en el turno de tarde-noche. Era previsible que esta circunstancia implicara poca coincidencia en el horario de ambos durante los días laborables, y que ella tuviera que ocuparse en mayor medida de la casa y de la niña, puesto que él debería dormir durante el día para trabajar gran parte de la tarde y de la noche.

Desafortunadamente, no todos los acontecimientos implicaban alguna mejoría; la madre de Isabel murió en la misma época en que esos cambios se iban gestando. Esa pérdida fue un duro golpe para ella. Desde siempre, su madre había sido la persona a la que consultaba todas sus dudas, y quien la ayudaba en la toma de decisiones y en el cuidado del hogar.

Isabel no llegó a ejercer nunca su nuevo cargo en la empresa, puesto que, poco antes de tener que hacerlo, inició una baja laboral fruto del incipiente dolor de cabeza y de un cuadro depresivo. El trastorno de su estado de ánimo fue controlado rápidamente y remitió con la medicación oportuna; no así el dolor de cabeza, que además originó el desmesurado y peligroso consumo de analgésicos. Ella reconocía que su adicción a estos fármacos era injustificada pues no mejoraba con ellos e implicaban un enorme riesgo para su salud; sin embargo, no podía dejarlos.

Los problemas de Isabel no eran la muerte de su madre, el cambio de trabajo de su marido o su promoción en la empresa. Todos nosotros hemos perdido a algún ser querido (muchos, a sus madres: es ley de vida); tampoco parece que mejorar nuestra situación laboral, o el hecho de que nuestra pareja llegue a poder doblar su sueldo a cambio de pasar menos horas con nosotros durante los días laborales, sea algo que nos pueda hacer caer enfermos. Así pues, si esos cambios no tienen por sí mismos la capacidad de generar el trastorno, ¿dónde se encontraba la diferencia entre Isabel y la mayoría de nosotros? ¿Qué la hizo tan vulnerable a sufrir un cuadro clínico de ese tipo?

Una forma de ser peculiar

La respuesta se encontraba en el informe que el neurólogo hizo llegar al psicólogo. En éste podía leerse: «Quiero destacarles también, para que lo tengan en cuenta y valoren su importancia, que para la paciente su madre se había convertido en un punto de referencia fundamental, haciendo todo lo que ésta le aconsejaba y buscando su ayuda para realizar cualquier tarea, por sencilla que pareciera. Cuando ésta murió, pretendió hacer lo mismo con su marido, pero el hecho de que éste no conviniera en ese estilo de relación, y que las horas que entre semana pasaban juntos fueran escasas (por sus horarios laborales), precipitó la aparición del cuadro afectivo y somático. En definitiva, que la paciente posee, según ella misma reconoce, una forma de ser peculiar (muy poco autosuficiente) que a mi entender se relaciona de manera directa con el problema médico que presenta».

1.2. Rafael o la inflexibilidad

Rafael llegó a la consulta acompañando a su mujer. Eran un matrimonio joven que no llevaba más de tres años casados.

Desde el primer momento, él quiso dejar claro que no padecía ningún problema de salud, que se encontraba perfectamente, y que tampoco lo había padecido en el pasado. Ciertamente, en su historial médico no destacaba ninguna enfermedad fuera de lo común, y carecía de antecedentes psiquiátricos descritos, tanto personales como familiares.

Ciertas dificultades, según el marido

El motivo por el que acudían al servicio de psicología y psiquiatría era porque «su mujer se había empeñado en que su matrimonio no funcionaba». Él reconocía tener un carácter difícil que podía haber comportado algún que otro problema en su relación, si bien también estimaba que la mitad de las veces la responsabilidad correspondía a su esposa. Aun aceptando que entre ellos quizás sí existían ciertas dificultades, añadía: «Nada que no pudiéramos resolver nosotros mismos».

Un último año insoportable, según la mujer

La historia adquiría un cariz distinto si se hablaba con ella. Desde su punto de vista, él siempre había sido una persona difícil, aunque a ella el último año se le estaba haciendo insoportable. Su noviazgo había sido corto: «Enseguida me enamoró por lo detallista y atento que era conmigo». No obstante, también muy pronto empezaron a surgir las primeras dificultades: «Sin pretenderlo, siempre me retrasaba en nuestras citas y eso le ponía de tan mal humor que casi necesitaba la tarde entera para tranquilizarse». Según ella, Rafael era una persona altamente perfeccionista, muy comprometido con su trabajo y sumamente cumplidor, incluso demasiado: la mayor parte de los fines de semana la pasaba resolviendo asuntos de la oficina. Se trataba de alguien muy ordenado y organizado, a quien ponían muy nervioso los cambios de última hora, los imprevistos o que simplemente algo no saliera como tenía planeado. Todo ello hacía que fuera fácilmente irritable, habiendo llegado a perder el control en alguna ocasión lanzando objetos contra el suelo o golpeando puertas y paredes. Las pocas veces que esto había sucedido, había ido seguido de un importante malestar: se sentía fatal por no haberse controlado y se disculpaba una y cien veces hasta que, consternado, rompía a llorar.

Según ella manifestaba, se le hacía imposible seguir viviendo bajo tanta presión, siempre atenta a todo lo que hacía o decía para no contravenir las supuestas reglas que él consideraba que debían cumplirse. «Parece incapaz de entender que yo no soy como él, y que, por mucho que lo intente, jamás me comportaré exactamente igual que él; debería entender que somos diferentes.»

Obviamente, y a pesar de negarlo o de no ser consciente de ello, Rafael tenía un problema y como consecuencia de éste su mujer estaba a punto de dejarle. A pesar de querer a su esposo y de reconocerle muchas virtudes, su rigidez e inflexibilidad hacían que no estuviera dispuesta a mantener la convivencia con él. La última nave que consentía quemar para intentar salvar su matrimonio era la terapia de pareja que solicitaba en el Servicio de Psiquiatría y Psicología.

1.3. Dos casos distintos con un mismo problema

A simple vista, parecería que estos dos casos no compartirían ninguna característica común, pero lo cierto es que recibieron tratamiento psicológico por un mismo tipo de problema: sus *trastornos de la personalidad*. La diferencia más aparente entre ellos era que la forma de ser de Rafael era la clara causante de sus problemas, pero nadie (a excepción de un neurólogo altamente intuitivo) relacionaba los problemas de salud de Isabel con su personalidad. Por esta razón, diversos facultativos la habían visitado durante los últimos años, sometiéndola a numerosas pruebas diagnósticas para descubrir el origen de su incesante dolor de cabeza y a multitud de tratamientos farmacológicos dirigidos a combatirlo, sin éxito. Todos ellos habían centrado su atención en un síntoma somático concreto (la cefalea), pasando por alto algo que podía estar mediatizando los procesos perceptivos de la paciente y que, como se demostró más adelante, era uno de los factores *etiopatogénicos* (generadores de la enfermedad) fundamentales: su personalidad.

1.4. Salud y personalidad

La desatención o incluso el desconocimiento por parte de muchos profesionales de la salud (incluidos algunos psicólogos y psiquiatras) respecto a lo que se entiende por *personalidad* y a la gran importancia que ésta puede tener en los procesos de enfermedad son, por desgracia, bastante generalizados. Hoy en día, pocos ponen en duda la incidencia que la personalidad puede tener sobre las patologías psiquiátricas, pero no atienden a la gran influencia que también puede ejercer sobre procesos de enfermedad no psiquiátricos.

La incidencia de la forma de ser en las enfermedades

Diversos estudios, buena parte de ellos realizados por Hans Eysenck –uno de los autores que mayor impulso dieron al estudio de la personalidad y al cual se debe gran parte de los conocimientos que hoy en día se tienen en este campo– han puesto de manifiesto que la personalidad puede incidir en los procesos patológicos de distintas maneras:

Conflictos interiores

- **Predisponiendo a un mayor número de conductas de riesgo o de hábitos tóxicos relacionados con la aparición de determinados trastornos.** Por ejemplo, aquellos con unas características de personalidad que les definen como personas necesitadas de estimulación intensa y variada empiezan a fumar y a consumir alcohol a edades más tempranas, y lo hacen en mayor medida que aquellos con una baja predisposición hacia este tipo de estímulos.
- **Influyendo a través de la percepción de los síntomas y de la reacción ante la enfermedad.** Como muestra, diversos estudios realizados en la Universidad de Londres ponen de relieve que las personas emocionalmente más inestables solicitan más ayuda médica y se autoadministran un mayor número de fármacos que las más estables.
- **Actuando en sí misma como un factor de vulnerabilidad para la aparición de ciertas enfermedades.** Por ejemplo, el llamado *patrón de conducta tipo A* ha demostrado ser un importante factor de riesgo cardíaco independiente de otras variables como los hábitos tóxicos o la alimentación.

RECUERDE

La forma de ser puede...

❖ predisponer a conductas de riesgo o hábitos tóxicos.
❖ influir en la percepción de una enfermedad.
❖ resultar un factor de vulnerabilidad a ciertas patologías.

La personalidad: una influencia vital muy investigada

Esta estrecha relación entre salud y personalidad no debe sorprender. La influencia de la forma de ser sobre nuestro funcionamiento como seres vivos complejos se extiende más allá de la medicina. El rendimiento en el trabajo, las preferencias en cuanto a actividades lúdicas se refiere, las habilidades para desenvolverse en situaciones sociales o la conducta sexual están influidos por la personalidad. Por ello, no es de extrañar que en los últimos años el estudio de esta variable psicológica y de su influencia en múltiples campos se haya convertido en una de las prioridades de muchos psicólogos. A medida que se ha ido avanzando en el conocimiento y la definición de este *constructo* (véase pág. 19), también se han ido estudiando y detallando sus posibles alteraciones.

1.5. Los objetivos de este libro

Este libro pretende exponer, desde el punto de vista de la psicología científica, qué se entiende por *personalidad*, cuándo se la debe considerar alterada y qué es lo que esto implica.

A lo largo de las explicaciones y con el fin de aclarar ideas, se hará referencia a casos clínicos reales tratados en un Servicio de Psiquiatría y Psicología. No sería de extrañar, y de hecho ése es el propósito de usar esos ejemplos, que alguno de ellos nos recordara a personas cercanas o incluso a nosotros mismos. Si se tiene en cuenta que los trastornos de la personalidad probablemente no sean más que *exageraciones de lo cotidiano* (véase pág. 64), no debe-

Conflictos interiores

ría asustarnos ver reflejadas algunas de nuestras características en esta obra. Por ello, sería deseo del autor que su lectura también pudiera servir para entender un poco mejor el propio comportamiento o el de quienes nos rodean, ayudando así a una mejor aceptación de uno mismo y de la diferencia.

2. ¿Qué es la personalidad?

2.1. Personalidad y semántica

De la psicología se dice que «tiene una breve historia pero un largo pasado». Con ello se destaca que, tal y como se entiende hoy en día, es una disciplina joven que ha vivido un gran desarrollo en los últimos años, si bien es cierto que sus antecedentes más tempranos pueden encontrarse ya en la Grecia clásica.

Probablemente como consecuencia de su corta edad y de su rápido crecimiento, la psicología no ha sido dotada de un lenguaje propio y diferenciado del resto de materias científicas y del hablar de la calle. Por esta razón, gran parte de su terminología se corresponde con vocablos del lenguaje popular, aunque iguales significantes no forzosamente comparten el mismo significado. Así, muchas veces habremos oído a un amigo decir que está deprimido, y fuera de alarmarnos, habremos entendido que está transitoriamente decaído, apático o falto de vitalidad. Por el contrario, sí debería preocuparnos que un psicólogo nos comunicara que nuestro amigo padece una depresión, puesto que en ese caso haría referencia a un *estado psicopatológico* (enfermedad de la *psique*) de cierta gravedad, en el que determinados cambios bioquímicos cerebrales producen alteraciones en el sueño, pérdida de apetito, desaparición de la libido, incapacidad para disfrutar con nada, fatiga, tristeza, etc.

El término *personalidad*, como era de prever, tampoco escapa a esta problemática. No pocas veces uno habrá oído algo como «tiene mucha personalidad», haciendo referencia a una persona dominante, rígida, poco transigente y de fácil mal genio. Para la psicología, una expresión de este tipo no tiene ningún sentido.

Por ello, es muy importante que cuando uno se adentra en el terreno de esta ciencia tenga en cuenta que, aunque los términos le sean conocidos, en la mayoría de ocasiones su significado popular y técnico no coincidirán. Para no caer en interpretaciones erróneas, será necesario conocer qué es lo que el especialista pretende comunicar con determinada palabra.

Un concepto esencial con diferentes formulaciones

Definiciones de personalidad existen muchas, casi una por teórico, cada cual poniendo mayor énfasis en los aspectos que más interesantes le resultan o a los que más importancia les supone. Más que llegar a una formulación universal, lo importante es coincidir en el concepto referido. A menudo se tiene una idea clara de lo que significa una palabra a pesar de ser francamente difícil su definición.

Si uno hace la prueba de pedir a sus conocidos que le definan la palabra «honestidad», seguramente se encontrará ante diversas formulaciones con ciertos matices diferenciales entre ellas. ¿No están de acuerdo sus amigos sobre qué es ser honesto? Lo más probable es que sí, y que las múltiples definiciones conseguidas, a pesar de algunos desacuerdos, posean un mismo trasfondo. Para constatarlo, si se les proponen a todos ellos tres situaciones distintas y se les pregunta si el comportamiento descrito es o no honesto, casi con toda certeza uno encontrará una elevadísima coincidencia, demostración de que todos entienden lo mismo por honestidad aun cuando la definen de diferente manera.

Lo mismo es de esperar que suceda al definir términos científicos, en este caso psicológicos, y por ello no debe sorprender la afirmación con la que se iniciaba este apartado.

De todas formas, y siguiendo más un criterio estético que conceptual, cabría destacar dos de las definiciones de personalidad más sugerentes:

❶ «Patrón distintivo en cuanto al comportamiento, al pensamiento y al sentimiento que caracteriza a los individuos y que se refiere a la manera como esos comportamientos, pensamientos y sentimientos influencian la adaptación de éstos a las situaciones que se encuentran en sus vidas.» Se debe esta definición a Walter Mischel.

❷ «Organización estable y duradera del carácter, temperamento, intelecto y físico de una persona, que determina su adaptación única al ambiente.» Proporcionaba esta formulación Hans Eysenck, autor a quien ya hemos citado al hablar de salud y personalidad.

Un trasfondo común

Leyendo esas definiciones atentamente, se encuentran, a pesar de las obvias diferencias formales, importantes puntos de coincidencia que podrían hacerse extensibles a la gran variedad de enunciados sobre la personalidad:

- **La gran variedad entre humanos.** Asumida explícitamente por casi todos los autores al reconocer la inexistencia de dos personalidades indistinguibles (la gran moda de la clonación no ha llegado aún a la psicología de la personalidad). Pese a ello, no se debe considerar inadecuada o imposible la realización de agrupaciones, en función de algunas características definitorias básicas, que permitan reducir el gran universo de las diferencias individuales a espacios abarcables.
- **Referencia a comportamiento, pensamiento y emociones.**
- **La estabilidad temporal y situacional.** Nos referimos a aspectos individuales que se mantienen a lo largo de la vida y que no son específicos de una situación concreta.
- **La mediatización de la adaptación de los individuos a su entorno.** Cuando ésta no se realiza convenientemente se habla de *trastornos de la personalidad* (*personalidades enfermas*) (véase pág. 61).

2.2. De lo particular a lo general: rasgos y dimensiones

La personalidad es un *constructo* hipotético. Dicho en otras palabras, no es algo directamente observable que se da *per se* en la naturaleza, sino que el psicólogo infiere su existencia a partir de la observación de conductas concretas de los individuos. Sin embargo, no por ello se debe considerar el estudio de la personalidad carente de objetividad o poco científico. Son muchos los constructos hipotéticos existentes en las diferentes disciplinas científicas, algunos de los cuales están plenamente aceptados en nuestra sociedad como realidades indiscutibles.

Así, por ejemplo, la gravedad es uno de ellos, inferido a partir de la observación de que los cuerpos caen hacia el centro de la Tierra y de que se mantienen pegados a ella; sin embargo, ¿quién ha visto o tocado la gravedad? Otro ejemplo podría ser el de las enfermedades, inferidas a partir de la asociación entre determinados signos y síntomas observables en los afectados. A fin de cuentas es eso lo que se aprecia y, puesto que en ocasiones se les atribuye una causa semejante y responden a los mismos tratamientos, se supone que se trata de una misma entidad a la que se da un nombre concreto.

La personalidad también es un constructo, en este caso inferido a partir de la observación de los comportamientos de los individuos.

RECUERDE

La personalidad...

❖ se refiere al comportamiento, al pensamiento y a las emociones.
❖ implica estabilidad temporal y situacional.
❖ mediatiza la adaptación de los individuos a su entorno.

Los rasgos: de las conductas específicas a las habituales

Las conductas específicas

El nivel más básico de estudio es el de las conductas específicas, es decir, la manera concreta de actuar de una persona en una situación particular.

Supongamos a Cristina en la fiesta de cumpleaños de su primo. En esta situación, podremos observarla realizando múltiples conductas específicas: saludando a todos los invitados con los que se encuentra, hablando con un desconocido, o con varias personas, explicando una anécdota divertida, riendo, etc. A este nivel, no estamos realizando ninguna descripción de su personalidad, únicamente de su comportamiento en un momento y una situación concretos.

La repetición: las conductas habituales

Ahora bien, imaginemos que coincidimos nuevamente con Cristina en una cena de ex alumnos de instituto, en la boda de un amigo común, en la fiesta de nochevieja, etc., y así en diversas ocasiones. En todas ellas, observamos cómo la mayoría de los invitados conoce y recuerda a Cristina, de qué modo se presenta ella a desconocidos, se añade a conversaciones, hace reír a sus contertulios y sonríe sin parar. A partir de este momento, estaremos en disposición de realizar una primera y poco arriesgada inferencia, y supondremos que ésas son conductas habituales en ella. De esta manera, habremos pasado de un primer nivel concreto (*conductas específicas*) a un segundo estadio más general (*conductas habituales*) por cuanto habremos observado consistencia (*repetición*) en el comportamiento.

Los rasgos: la asociación de conductas habituales

Desde la psicología de las diferencias individuales, se han estudiado exhaustivamente las relaciones existentes entre las distintas conductas habituales que pueden ser definidas, llegándose a establecer asociaciones entre ellas. Como resultado de éstas, se concluye que determinadas conductas habituales serían agrupables, por cuanto tienden a aparecer juntas, en entidades superiores que se han dado en llamar *rasgos*. O lo que es lo mismo, se podría definir una serie de rasgos de personalidad (constructos) que darían cuenta de la presencia de ciertas conductas habituales en algunas personas. Para llegar a la definición de rasgo, se ha de realizar un segundo nivel de inferencia (el primero fue desde las conductas específicas a las habituales).

En el caso de las conductas habituales descritas para Cristina, los estudios realizados permitirían afirmar que presenta un elevado *rasgo de sociabilidad,* puesto que ése es el nombre que se ha dado a la agrupación de conductas habituales como las de asistir a múltiples actos que implican actividad social, ser conversador y abierto con los desconocidos, mostrar habilidades para la interacción con los demás, etc.

Este segundo nivel de inferencia, el de los rasgos, tiene una importancia capital en el estudio de la personalidad. De hecho, se trata de un concepto insalvable cuando uno se refiere a ella. Así pues, será fundamental dejar bien claro qué quiere significar este término.

Consistencia y estabilidad temporal

Si se tiene en cuenta que los rasgos surgen de la asociación de conductas habituales, como ellas, éstos deberán tener las características de *consistencia y estabilidad tempo-*

Conflictos interiores

ral. En otras palabras, no dependerán de unas circunstancias ambientales concretas (Cristina no será únicamente sociable en las fiestas, sino que lo será en cualquier situación donde la encontremos) ni de un momento determinado de su vida (tenderá a ser siempre así, no sólo los días pares de cada mes).

Con todo, no se debe caer en el determinismo más absoluto y suponer que después de lo expuesto Cristina jamás se mostrará reservada o poco comunicativa. Lógicamente, puede darse la ocasión en que así sea. A pesar de ello, será mucho más frecuente encontrarla comportándose como se describía al principio que no como ahora. Hasta tal punto uno puede tener asumido ese rasgo en ella que caso de ver a Cristina apática, sentada en un rincón o sin conversar con nadie, pensaría: «Le pasa algo, no está como siempre». Esta idea lleva implícita la asunción de su sociabilidad a partir de la constancia en su comportamiento.

Se ha de tener en cuenta que los rasgos de personalidad han de servir, entre otras cosas, para poder hacer predicciones sobre el comportamiento de las personas; pero a fin de cuentas, lo que alguien acaba haciendo en un momento concreto no dependerá única y exclusivamente de sus rasgos de personalidad, sino también de muchos otros factores que pueden incidir de manera decisiva sobre la conducta final observada.

Concluyendo, rasgo es el nombre que se da a una tendencia o predisposición a responder, extraída ésta (o inferida) a partir de una ocurrencia repetida de acciones. Es importante recordar que la definición y determinación de los rasgos surgen del estudio exhaustivo y sistematizado de las conductas de las personas, y no de la inspiración espontánea de algún psicólogo clarividente. Así pues, aun siendo constructos, se trata de realidades científicas que se pueden objetivar y medir.

Las dimensiones

Los expertos han llegado a definir alrededor de 18.000 rasgos distintos en lengua inglesa. Obviamente, esta excesiva cantidad de información no resultaría útil en el estudio de la personalidad ni representaría un claro avance respecto a la identificación de las conductas habituales. Por ello, los psicólogos han persistido en sus estudios hasta encontrar relaciones entre rasgos que permitan acotar entidades superiores de información: las *dimensiones*.

Así, si uno se sitúa en un tercer nivel de inferencia (el primero fue de conductas específicas a habituales, y el segundo, de estas últimas a los rasgos), se puede considerar la existencia de unas dimensiones de personalidad, o conjuntos de rasgos relacionados entre sí e independientes de otros conjuntos, que dan cuenta de la predisposición de las personas a responder de una manera determinada ante estímulos concretos.

Volviendo al ejemplo de Cristina, sus conductas eran atribuibles a un rasgo de personalidad llamado *sociabilidad*; pues bien, ese rasgo junto con otros entre los que se encuentran vitalidad, actividad, dogmatismo, etc., por presentarse asociados, conformarían la llamada *dimensión de extraversión* (como se ha advertido anteriormente, este término no tiene la misma acepción aquí que en sentido popular). Así, ahora se podría decir que la elevada extraversión de Cristina permitiría explicar, entre otros, su comportamiento en la fiesta donde coincidíamos con ella.

La dimensión como continuo

El adjetivo cuantitativo que acompañaba al nombre de la dimensión («extraversión») al final del párrafo anterior, «elevada», sirve para destacar que las dimensiones que los teóricos pretenden definir en su estudio de la personalidad han de ser aplicables a todos, y consideradas como continuos.

Es decir, no se trata de si poseemos o no determinada dimensión, sino de en qué medida la poseemos. Todo el mundo es susceptible de ser evaluado en cuanto a su extraversión, y el hecho de que alguien la posea en muy poco grado, y otra persona en mayor medida, será lo que permitirá diferenciarlos entre sí. Desde la nula extraversión hasta su grado máximo, se puede ir situando en un continuo a todos aquellos que nos rodean.

DIMENSIONES Y RASGOS DE LA PERSONALIDAD

Nivel de dimensiones

Nivel de rasgos: Sociabilidad | Impulsividad | Actividad | Vivacidad | Excitabilidad

Nivel de respuestas habituales

Nivel de respuestas específicas

Los modelos de personalidad

A fin de cuentas, lo que hemos hecho ha sido ir subiendo en una escala de inferencias con el fin de reducir el número de variables necesarias para explicar las conductas de las personas. Evidentemente, esta escalada implica pérdida de precisión, siendo el trabajo del psicólogo el de diseñar *modelos de personalidad* (se llama así a las teorías que definen un número concreto de dimensiones) en los que las *variables* (dimensiones) usadas sean las mínimas indispensables con la menor pérdida de exactitud posible, y ello a través de sucesivas investigaciones y años de experiencia. Puede decirse que un modelo de personalidad no llega jamás a la validez absoluta, sino que está siendo puesto a prueba a cada investigación que alguien realiza bajo sus supuestos.

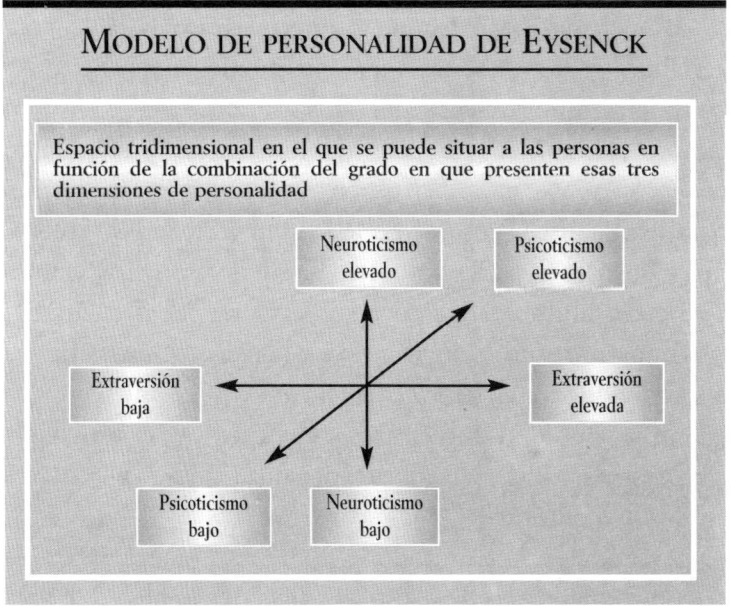

Gran variedad de conductas resumidas en pocas dimensiones

Hasta aquí, parece existir un gran acuerdo entre los investigadores que estudian las variables personales que intervienen en la conducta de la gente. Mayores discrepancias se pueden encontrar en cuanto al número de dimensiones que aquéllos consideran necesarias para abarcar toda esa variabilidad en el comportamiento debida a la personalidad. Se podría decir que los modelos teóricos que hasta hoy han recibido un mayor apoyo consideran entre tres y cinco las dimensiones que bastarían para explicar la diversidad del comportamiento. En otras palabras, que la gran variedad de conductas observadas a nuestro alrededor serían explicadas (en cuanto a la personalidad) por un número mucho menor de rasgos, que a su vez podrían ser agrupados en tres, cuatro o cinco dimensiones de personalidad.

Aun cuando parezca un número escaso para la gran variabilidad de personas que uno puede encontrar, cabe considerar que únicamente tres dimensiones permiten definir un número ingente de diferencias individuales. Eysenck (véase pág. 29) usaba un símil muy ilustrativo para explicarlo: «Pensemos que la gran variedad de colores que podemos apreciar a nuestro alrededor son clasificables y diferenciables en cuanto a sus características de matiz, tono y saturación». ¿No va a poder la psicología clasificar a los individuos en cuanto a su forma de ser mediante su cuantificación en también tres características, o acaso percibimos más diferencias entre personas que entre colores en nuestro entorno?

Teniendo en cuenta todo lo comentado hasta ahora, se puede deducir que con el estudio de la personalidad se pretende reducir la infinidad de sucesos observados a un número tratable de variables. El propósito no es otro que establecer unas leyes que permitan predecir la conducta de los individuos ante situaciones futuras y entender mejor sus comportamientos pasados. La personalidad ocuparía el espacio intermedio entre los estímulos presentados y las respuestas emitidas, dando cuenta de la variabilidad debida al organismo, esto es, a la constitución de los individuos.

3. Cómo se forja la forma de ser

Definiendo el concepto de personalidad, se ha insistido en la importancia de sus características de estabilidad y durabilidad. En otras palabras, que la personalidad determina la forma como uno se comporta generalmente, o lo que es lo mismo, la manera como comúnmente tiende a conducirse ante la gran diversidad de situaciones que afronta a lo largo de la vida; y que este *modus* conductual no está circunscrito a un momento dado de su biografía, sino presente en uno mismo de modo más o menos permanente. Pero, ¿qué factores determinarán la forma de ser? ¿Se aprende a reaccionar de una manera específica ante los sucesos de la vida o nace uno con esa tendencia? ¿A partir de qué momento se puede considerar que la personalidad está formada? Estas dudas son las que ahora se intentará despejar.

3.1. Interacción entre biología y ambiente

Es imprescindible que se tenga bien presente que la personalidad estará determinada por factores tanto biológicos (neuroanatómicos y neurobioquímicos) como ambientales (aprendizaje, influencias socioeconómicas, culturales, etc.). En buena parte, el sustrato biológico de la personalidad estará decidido desde el primer momento de la gestación y escrito en nuestro código genético. Lo heredaremos de nuestros padres. Este legado familiar es lo que se conoce como el *genotipo de la personalidad*.

De todas formas, esta predisposición genética a mostrar ciertos comportamientos (genotipo) no será definitiva, podrá ser modulada por influencias ambientales, que, como se verá más adelante, pueden llegar a variar nuestra biología. Inversamente, el genotipo podrá determinar el impacto que los diferentes estímulos ambientales tendrán sobre el desarrollo de la personalidad. El resultado de todo ello será la expresión final de la personalidad, es decir, su manifestación social. A este resultado final se le conoce como el *fenotipo de la personalidad*.

En definitiva, la personalidad tal cual se observa o mide mediante pruebas psicométricas (*fenotipo*) será el resultado de la interacción entre genotipo y ambiente. Ambos factores determinarán nuestro funcionamiento interno (*neurobiológico*) y externo (*comportamental*).

3.2. El genotipo: la huella genética

Son varias las metodologías de investigación desarrolladas con el fin de establecer el peso de la genética en cada uno de los diversos rasgos de personalidad definidos. En todos los casos, los expertos han tenido que aguzar su ingenio para conseguir instrumentos que permitan la cuantificación de esos rasgos y encontrar las condiciones experimentales que aseguren el máximo control sobre el genotipo y sobre la influencia ambiental recibidos por los individuos cuya personalidad pretende compararse.

Metodologías de estudio
Los gemelos

Entre los recursos utilizados, destaca el estudio con gemelos *monocigóticos* (nacidos a partir de una misma célula madre u óvulo fecundado) y *dicigóticos* (nacidos a partir de óvulos distintos). Los primeros también reciben el nombre de *gemelos idénticos*, puesto que al nacer de un mismo óvulo fecundado comparten exactamente las mismas características genéticas. A los segundos se les denomina *gemelos fraternos*, ya que, al nacer de óvulos distintos, no comparten más características genéticas de las que pudieran compartir dos hermanos nacidos en partos distintos. Eso sí, en lo relativo a incidencias durante la gestación, tanto en unos como en otros, no existen diferencias. A mayor parecido en el rasgo de personalidad medido entre gemelos idénticos y menor entre fraternos, mayor carga genética se le puede suponer. De hecho, puede llegar a calcularse (a través de correlaciones) un indicador del porcentaje de variabilidad atribuible al genotipo y la debida al ambiente.

La herencia y el ambiente compartido

Otro de los métodos usados es la comparación de rasgos de personalidad entre progenitores y sus hijos dados en adopción, entre dos niños acogidos por una misma familia sin relación de parentesco entre ellos, y entre dos hermanos biológicos criados en una misma familia. En el primer caso, la similitud de rasgos debería atribuirse al factor *herencia*; en el segundo, a la influencia del ambiente compartido; y en el tercero a ambos factores conjuntamente. Como en el caso anterior, la aplicación de fórmulas matemáticas permite calcular la variabilidad para cada rasgo atribuible al genotipo y la debida al ambiente.

Los gemelos separados

Finalmente, comparar rasgos de personalidad entre gemelos monocigóticos y dicigóticos dados en adopción y criados en familias separadas es considerado el método de estudio más potente. También es cierto que se trata del menos usado, por cuanto resulta enormemente complicado llegar a localizar un número suficiente de personas que cumplan las condiciones citadas.

La conclusión a la que se puede llegar analizando la gran diversidad de trabajos realizados según los procedimientos anteriores es que el peso de la genética puede cifrarse, dependiendo del rasgo al que uno se refiera, entre el 25 y el 75 %. O sea, entre el 25 y el 75 % de la variabilidad que se puede observar en los rasgos de personalidad se explicaría por la herencia.

Así, varios estudios sobre agresividad, realizados en el Instituto de Genética de la Conducta de la Universidad de Colorado, han mostrado un importante peso de la genética en este rasgo. Por su parte, la timidez ha resultado estar menos influida por ella. Esto no significa que la agresividad sea heredada y la timidez no, sino que hijos de padres agresivos presentarán una alta probabilidad de compartir esa característica con sus progenitores. Por contra, la timidez estará en mayor medida explicada por las experiencias y el ambiente de los primeros años de vida, aunque lógicamente también poseerá cierto componente genético.

TRASTORNOS DE LA PERSONALIDAD Y FACTORES GENÉTICOS Y MEDIOAMBIENTALES EN GEMELOS MONOCIGÓTICOS Y DICIGÓTICOS

INFLUENCIA ESTIMADA (%)

DIMENSIÓN	Factores genéticos aditivos	Dominancia genética	Entorno común	Entorno no compartido
Labilidad afectiva*	1	48	0	51
Ansiedad	49	0	6	45
Insensibilidad*	56	0	0	44
Distorsión cognitiva	41	0	14	45
Compulsividad	39	0	3	58
Trastornos conductuales	0	0	53	47
Problemas de identidad*	40	19	0	41
Lazos afectivos inseguros	35	0	13	52
Problemas de intimidad*	0	38	0	62
Narcisismo*	0	64	0	36
Enfrentamiento*	52	3	0	45
Rechazo	45	0	0	55
Expresividad restringida	47	0	0	53
Autolesión*	14	15	0	71
Evitación social	47	10	0	43
Búsqueda de estímulos	50	0	9	41
Sumisión	25	0	28	47
Suspicacia	48	0	0	52

(*) Estas dimensiones fueron estudiadas para evaluar la dominancia genética. Se considera presente cuando la ratio entre gemelos monocigóticos y dicigóticos es superior a 2.

FUENTE: Tabla publicada en la revista *American Journal of Psychiatry* (150:13) en diciembre de 1993. Autores: Livesley, Jang, Jackson, entre otros.

La neurotransmisión dopaminérgica

En cualquier caso, el fenotipo de la personalidad no dependerá de manera directa de la genética (véase pág. 33), sino que los factores ambientales podrán modular su manifestación final. Al mismo tiempo, el genotipo afectará a la conducta influyendo desde la infancia el tipo de aprendizaje que será más probable que se produzca, afectando de esta manera al desarrollo de la personalidad. Por ejemplo, hay una clara evidencia científica sobre la relación existente entre bajos niveles de una enzima cerebral llamada *monoaminooxidasa* y comportamientos de tipo impulsivo relacionados con la necesidad de estimulación. Entre las funciones de esta enzima se encuentra la eliminación de un neurotransmisor llamado *dopamina*, implicando una disminución de la comunicación interneuronal realizada a través de esta sustancia. Ello hace pensar, y de hecho algunas investigaciones llevadas a cabo por Marvin Zuckerman, entre otros, así lo han puesto de manifiesto, que existe una clara interrelación entre esta característica de personalidad y estructuras cerebrales implicadas con la *neurotransmisión dopaminérgica*. Por tanto, individuos con una dotación genética que implique una constitución cerebral en la que exista una menor actividad de monoaminooxidasa o un mayor funcionamiento dopaminérgico, deberían presentar un mayor número de conductas impulsivas relacionadas con su elevada necesidad de estimulación. Así, se trataría de personas con un elevado riesgo de presentar conductas antisociales por cuanto carecerían de la capacidad de autocontrol suficiente y tenderían a hacer en todo momento aquello que más les apeteciera, siendo mejor cuanto más temerario y arriesgado.

3.3. Los factores ambientales

Ahora bien, la expresión de ese genotipo puede verse modulada por factores ambientales (véase pág. 33). Imaginemos a dos personas con esa misma predisposición genética. Una de ellas nacida en el seno de una familia desestructurada, habiendo recibido poca o ninguna atención por parte de sus padres, escasamente escolarizada y educada en las calles de un barrio marginal con elevada propensión a los actos delictivos. La otra, criada por unos padres responsables, de los que hubiera recibido atención y afecto, y que hubieran velado por proporcionarle una escolarización adecuada, así como por que se educara en un ambiente para nada proclive a la delincuencia.

Si se tiene en cuenta el efecto de los dos factores citados (genotipo y ambiente), es altamente probable que la persona del primer ejemplo presentara importantes dificultades en el control de los impulsos y realizara múltiples conductas antisociales, en algunos casos delictivas, en buena parte debido al elevado componente de excitación (en cuanto a intensidad de activación nerviosa) que éstas comportan.

En el segundo ejemplo, aun cuando no se tratara de alguien característicamente reflexivo, es probable que esa persona hubiera desarrollado las habilidades necesarias para poder contener sus impulsos, y canalizado su necesidad de estimulación hacia actividades socialmente aceptadas como, por ejemplo, la práctica de deportes de riesgo.

En definitiva, que dos genotipos iguales pueden resultar, por la mediación de factores ambientales diferentes, en dos fenotipos distintos.

Por otra parte, el genotipo influirá en el desarrollo de la personalidad al determinar qué aprendizajes se producirán con mayor probabilidad (véase pág. 33). Así, ha podido establecerse que las personas con una elevada necesidad de estimulación (como la del ejemplo) están más atentas a las señales ambientales indicadoras de posible *recompensa* (aparición de *estímulos apetitivos*) que a las de posible *castigo* (aparición de *estímulos aversivos*). Así, esta tipología de individuos aprenderá más fácilmente a realizar conductas de aproximación hacia estímulos apetitivos (por ejemplo, ganancias económicas, reconocimiento social, sustancias estimulantes, etc.) que a detener su comportamiento por la posible aparición de estímulos aversivos (inversiones arriesgadas, enfrentamiento social, peligros para la salud, etc.). Por tanto, su genética favorecerá el aprendizaje de comportamientos típicamente impulsivos (véase pág. 97).

Las primeras influencias: las prenatales

La importancia que las influencias ambientales puedan llegar a tener sobre la constitución de la personalidad dependerá del momento biográfico en que se den.

Durante las primeras etapas del desarrollo, es fácil que éstas resulten en un efecto permanente sobre la estructura o el funcionamiento cerebral. En este sentido, el período intrauterino y los primeros meses después del nacimiento son fundamentales.

Para entender de dónde viene la relevancia de esos períodos, basta con pensar que durante la gestación se genera el total de células nerviosas de que dispondremos el resto de nuestras vidas, y esto a un ritmo aproximado de 250.000 células por minuto. A pesar de ello, nacemos con un sistema nervioso inmaduro, al cual aún le queda mucho por hacer. A partir del nacimiento, las *redes neuronales* (las conexiones entre las células nerviosas del cerebro) experimentan un desarrollo rapidísimo. Se potencian y consolidan las más usadas, y se reducen o eliminan las que no se utilizan. Son diversos los factores que durante la gestación pueden influir sobre el desarrollo cerebral y, por ende, sobre la personalidad.

Los agentes externos

Determinadas sustancias como la nicotina, el alcohol, los opiáceos, el *cannabis*, etc., al ser consumidas por la madre, penetran en la placenta y afectan al desarrollo del cerebro del feto. Este efecto puede ser tan destructivo como el confirmado por los numerosos estudios que han asociado un tipo de retraso mental con el consumo excesivo de alcohol durante el embarazo. Aunque no es necesario un ejemplo tan extremo: pensemos que una gran cantidad de las sustancias que habitualmente ingerimos son capaces de influir en el funcionamiento de nuestro sistema nervioso. Aun así, en las cantidades en que normalmente podemos tomarlas, su efecto es tan limitado que difícilmente lo percibiremos. Pero ¿qué pasa cuando lo que resulta afectado es un cerebro en pleno proceso de desarrollo? ¿Será esa influencia igualmente insignificante? Una sustancia tan habitual en nuestra dieta como el chocolate ejerce un papel excitante en nuestro cerebro (tal como el café). Bien podría ser que una entrada excesiva de esa sustancia en un sistema nervioso en pleno desarrollo y genéticamente predispuesto facilitara la creación de un mayor número de conexiones nerviosas en las áreas cerebrales relacionadas con el temperamento ansioso, resultando en comportamientos futuros de este tipo y, por tanto, en un fenotipo de la personalidad característicamente ansioso (véase pág. 79). Desafortunadamente, es muy poca la información de que disponemos sobre este tipo de influencias, con lo que estos interrogantes y esta hipótesis quedarán por responder, a la espera de que investigaciones futuras proporcionen mayores conocimientos en este campo. A pesar de ello, tampoco se debe ser alarmista: el ejemplo hacía referencia a una «entrada excesiva», es decir, no a una onza o una tableta de chocolate, sino a un consumo elevado y mantenido. Por tanto, si no existe ninguna contraindicación médica (como podría ser la diabetes), una mujer embarazada puede comer chocolate sin temor. Ahora bien, mejor abstenerse de consumir grandes cantidades diarias.

El comportamiento y las emociones de la madre

Sin embargo, los cambios bioquímicos pueden estar producidos no sólo por la acción de agentes externos: el comportamiento de la madre o sus reacciones emocionales pueden implicar procesos neuroquímicos que de manera indirecta incidan sobre el desarrollo del feto.

Así, por ejemplo, investigaciones con animales de laboratorio han demostrado que la inyección de testosterona durante el período del embarazo en el que tiene lugar la diferenciación sexual origina un cambio en la apariencia sexual de las hembras, que llegan a desarrollar unos genitales externos de aspecto masculino, y conductas típicas de los machos, aun manteniendo su género femenino. Son hembras con genitales (sólo en apariencia) y comportamientos masculinos.

Casos parecidos han sido descritos en mujeres, no como resultado de una inyección sino de disfunciones glandulares que afectan a las hormonas sexuales y que producen una apariencia masculina y en muchos casos conducta homosexual; esto demuestra cómo alteraciones en este tipo de sustancias pueden inducir cambios en el comportamiento. Pues bien, es sabido que el estrés produce alteraciones en los ritmos hormonales y, cómo no, sobre las hormonas sexuales de hembras y varones.

Nuevamente estudios con animales han mostrado que la exposición de hembras preñadas a situaciones de alto contenido estresante en momentos clave de la gestación reduce la liberación de testosterona, lo que derivará en comportamientos homosexuales de su descendencia masculina.

Extrapolando los resultados a los humanos, bien pudiera ser que cambios hormonales suficientemente significativos en los momentos clave del desarrollo fetal producidos por estimulaciones ambientales lo bastante intensas sobre la madre llegaran a incidir sobre la conducta sexual de sus hijos y probablemente también sobre otros aspectos de la personalidad ligados a diferencias de género, como por ejemplo la emotividad. Aun cuando todavía aventuradas, este tipo de hipótesis no debe sorprender, y más si se tiene en cuenta que trabajos recientes en el campo de la neuroanatomía, como los llevados a cabo por Simon Levay, han conseguido demostrar la existencia de diferencias anatómicas cerebrales, concretamente en unos pequeños núcleos neuronales situados en el hipotálamo, entre varones heterosexuales y homosexuales. Estos núcleos resultaron ser más parecidos entre un grupo de varones homosexuales y uno de mujeres heterosexuales, que entre los dos grupos de varones con comportamientos sexuales distintos.

Las influencias en la infancia

Hasta ahora, se ha querido resaltar los importantes cambios que, durante el período uterino, pueden producir determinados estímulos sobre el sistema nervioso. A pesar de que todavía no se conoce con exactitud su posible vinculación con el desarrollo de la personalidad en nuestra especie, no se debe ignorar o subestimar su potencial influencia. De todas formas, los humanos nacemos con un cerebro en pleno desarrollo, y los primeros años de vida son fundamentales en su maduración, estableciéndose gran parte de las conexiones interneuronales (véase pág. 40). En este sentido, son diversos los estudios con los que se puede ilustrar este efecto, lógicamente la mayor parte de ellos realizados con animales. Uno consistió en escoger las ratas que se mostraban más miedosas en diversas pruebas de laboratorio para posteriormente hacerlas criar entre ellas. De esta manera, y tras sucesivas generaciones, se aseguró que los animales nacidos eran genéticamente miedosos. Para hacerse una idea de la fiabilidad obtenida con este procedimiento, es necesario pensar que en ratas pueden obtenerse entre tres y cuatro generaciones anuales, así como que las investigaciones que se realizan con ellas se llevan a cabo con cepas (familias) criadas desde hace más de veinticinco años, es decir, que como mínimo son setenta y cinco generaciones de ratas seleccionadas y criadas en función de su temerosidad.

Pues bien, en este estudio en concreto, se dividió una de las últimas camadas en dos grupos. En uno de ellos, los animales crecieron en condiciones estándar (una jaula confortable pero no espaciosa, y con la sola compañía de hermanos y madre); en el otro, dispusieron de un mayor espacio y de múltiples «juguetes», que eran cambiados periódicamente para asegurar la variedad de entretenimientos. Al mismo tiempo, el responsable de su cuidado dedicaba unos minutos al día a acariciar suavemente a los animales de este último grupo. Una vez adultas, las ratas criadas en la segunda de las condiciones poseían un cerebro de mayor peso (más desarrollado) y se mostraban mucho menos miedosas en las diversas pruebas de laboratorio, que sus hermanas del primer grupo. Es decir, el enriquecimiento estimular había producido diferencias en el desarrollo de su cerebro y en su comportamiento, disminuyendo su temerosidad.

Trabajos parecidos llevados a cabo con monos (más similares a nosotros en cuanto a su comportamiento social) han demostrado que el hecho de impedir el contacto con otros miembros de su especie durante los primeros años de vida resulta en un comportamiento temeroso y hostil hacia sus congéneres, no presente en aquellos que son criados en compañía de otros monos.

Realizar estudios de esta índole en seres humanos no sería posible por cuanto no superaría el primer paso al que debe someterse cualquier proyecto de investigación, tanto en animales como en humanos: el comité ético. De todas formas, es evidente que la estimulación precoz también puede influir en el desarrollo cerebral de las personas.

Como ejemplo, un estudio llevado a cabo por Thomas Elbert y colaboradores logró demostrar que aquellos músicos que habían aprendido a tocar un instrumento, como la guitarra o el violín, antes de los 12 años poseían unos circuitos neuronales para controlar el movimiento de la mano izquierda más complejos que aquellos que habían aprendido después de esa edad. En otras palabras, un tipo determinado de estimulación o de comportamiento había producido un desarrollo diferenciado del cerebro.

Los padres: un filtro y un refuerzo de conductas

Dejando de lado el posible efecto que pueden tener determinados estímulos en períodos tempranos del desarrollo, es incuestionable que durante los primeros años de vida el niño irá conformando gran parte de sus rasgos de personalidad, adquiriendo modos básicos de respuesta ante estimulaciones concretas: se formará su fenotipo.

Una parte importante de esas conductas estarán inducidas por sus padres, por un lado a través de la genética, y por otro, filtrando los estímulos que llegan al niño y reforzando la realización de determinados comportamientos.

Durante los primeros años de vida, es impensable que un niño decida por sí mismo las situaciones estimulares a las que exponerse. Serán sus padres quienes lo determinarán, decidiendo así los estímulos que afrontará y los aprendizajes que realizará.

Por ejemplo, unos padres con una gran predisposición por las actividades sociales facilitarán que sus hijos se encuentren frecuentemente rodeados de amigos y desconocidos, y es también esperable que, como sucede invariablemente, el niño vaya pasando de mano en mano, siendo agasajado por todos. Es muy posible que ese niño se acostumbre rápidamente a este tipo de situaciones y a los desconocidos, por lo que probablemente desarrollará un rasgo de elevada sociabilidad (agrado por las situaciones sociales, falta de ansiedad en estos entornos y habilidad para el trato interpersonal). En parte, porque será una clase de situación en la que se habrá encontrado repetidamente desde su infancia y ante la que habrá adquirido una gran «práctica».

Por el contrario, unos padres muy hogareños y poco amantes de las actividades sociales expondrán escasamente a sus hijos a este tipo de situaciones, con lo que es de esperar que a éstos les sea mucho más difícil desarrollar las habilidades propias del trato interpersonal y la seguridad necesaria para ponerlas en práctica; serán fenotípicamente menos sociables.

La imitación de conductas

Por otra parte, es bien sabido que los niños desarrollan, aproximadamente a partir del noveno mes, la capacidad de imitar las conductas que observan. Este tipo de aprendizaje es responsable de gran cantidad de los comportamientos que adquirimos a lo largo de nuestras vidas, no únicamente durante la infancia. Pues bien, los niños imitarán la conducta de sus padres, puesto que con ellos el contacto es mayor; y éstos premiarán selectivamente con su atención y afecto las que consideren más adecuadas.

Así, imaginemos el ejemplo de aquel niño con unos padres poco dados a las relaciones sociales, en un ambiente familiar en el que predominan las actividades tranquilas e individuales, como pueda ser la lectura. Es altamente probable que si el niño ve a sus padres gran parte del tiempo con un libro entre las manos, acabe imitando este comportamiento y tienda a jugar con los cuentos infantiles de que disponga en el hogar, o a ojear sus dibujos. Esto será, muy probablemente, celebrado por sus padres, quienes le premiarán con palabras dulces y gestos cariñosos, incentivándole, aun sin ser conscientes de ello, para que repita ese tipo de conducta en el futuro.

Por su parte, en el otro ejemplo expuesto, muy probablemente las conductas que serán premiadas serán las de tipo social: el hecho de interaccionar con otros niños, no asustarse al ser tomado en brazos por un extraño, etc.

En ambos casos, los padres reforzarán mediante sus atenciones, palabras o comportamientos un tipo determinado de conductas, que se perpetuarán en detrimento de aquellas que no produzcan un efecto tan positivo.

RECUERDE

Los padres influyen en la personalidad de sus hijos...

pasivamente,
a través de la genética.

activamente,
exponiéndoles a determinados estímulos,
sirviendo de ejemplo a imitar,
reforzando las conductas que consideren más pertinentes
o castigando las inadecuadas.

Las influencias en la edad adulta

Una vez superada la pubertad, los cambios que pueden llegar a producirse en la personalidad, tanto en sus bases neuroanatómicas como en su expresión comportamental, son mucho menos destacables de los que ocurrían antes de dicho momento. Una vez conformada una manera de ser en el adulto, será muy difícil percibir modificaciones.

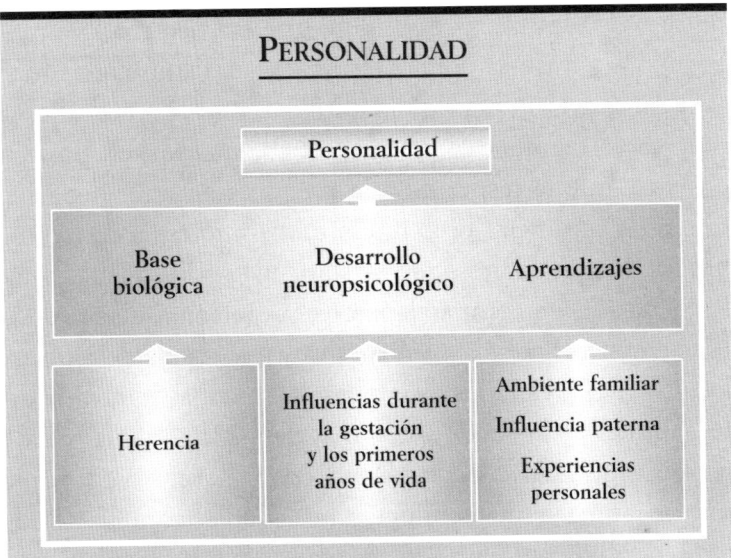

Un mismo estilo comportamental

La personalidad implica un estilo de percibir, sentir y actuar, que se manifiesta a todos los niveles de nuestro funcionamiento (familiar, laboral o social) y no depende de unas circunstancias concretas, sino que es habitual en nosotros. A pesar de suponerse una continuidad temporal en ese estilo, es evidente que se pueden apreciar cambios en las conductas específicas de los individuos, si bien éstos no tienen por qué suponer una modificación en cuanto a rasgos o dimensiones.

Por ejemplo, una persona con unos rasgos de personalidad que la definan como altamente activa y necesitada de estimulación intensa y variada es muy probable que en su juventud practique cuantos deportes de riesgo pueda (*puenting*, esquí extremo, escalada, etc.). Pasadas unas cuantas décadas, y como consecuencia de la inevitable pérdida de capacidades físicas, es dudoso que esa persona siga realizando las mismas conductas arriesgadas que años atrás. ¿Ha cambiado su personalidad? Analizando con detalle su repertorio conductual, muy probablemente sea posible observar que la respuesta a la pregunta anterior deba ser que no. Continuará presentado un mismo *estilo comportamental*, si bien ahora se manifestará en conductas más sutiles pero que, en comparación con las personas de su edad, la seguirán definiendo como activa y necesitada de estímulos potentes y variados (por ejemplo, será más temeraria de lo habitual en la conducción, más deportista que la mayoría de individuos de su misma edad, llevará a cabo un mayor número de conductas arriesgadas para la salud, etc.). Por tanto, lo único que habrá cambiado serán algunas conductas específicas, pero su estilo comportamental, definido por sus rasgos de personalidad, seguirá siendo el mismo.

Las alteraciones de la personalidad

De todas formas, aun cuando es impensable que suceda de manera espontánea, sí cabe esperar alguna posible modificación de los rasgos de personalidad. Si esto no fuera así, los trastornos de la personalidad (véase pág. 62) serían intratables. Las alteraciones de la personalidad suponen estilos comportamentales desadaptativos o problemáticos, cuyo tratamiento pasa por determinar los procesos cognitivos y conductuales subyacentes, proponiendo su modificación. No debe pretenderse un cambio radical en la forma de ser de las personas, sino atenuar los componentes cognitivos y conductuales que resulten conflictivos. En definitiva, modular la expresión comportamental de la personalidad. Si esa actuación terapéutica (psicológica y/o farmacológica) a largo plazo llega a producir también cambios estables en el componente neurobiológico de la personalidad, es algo que hoy por hoy aún no se conoce con detalle, si bien muchos teóricos apuestan por ello.

- **Las modificaciones a nivel neuroanatómico.** Donde sí se dispone de evidencias claras es en la demostración de que modificaciones a nivel neuroanatómico pueden inducir cambios en la personalidad. Los individuos que han sufrido lesiones cerebrales como resultado de accidentes vasculares, traumatismos, tumores, enfermedades degenerativas, etc., dependiendo de la zona afectada y de la amplitud de la lesión, pueden presentar cambios conductuales notorios y en ocasiones dramáticos. Muy a menudo, los neurólogos escuchan de los familiares de afectados con este tipo de cuadro clínico la queja: «Ya no es el mismo, no se comporta como lo hacía antes». La personalidad tiene unas bases neuroanatómicas; si éstas se alteran de manera irreversible produciendo cambios estables a nivel comportamental, se puede considerar que ha tenido lugar un cambio en la personalidad.

  El caso de Phineas Gage. Uno de los casos más revisados de la literatura médica fue el de Phineas Gage. Según describe el célebre neurólogo Antonio Damasio, este trabajador del ferrocarril sufrió en 1848 un grave accidente en el que, tras una explosión, una vara de acero le atravesó el cráneo: entró por su mejilla izquierda y salió un poco por detrás de la frente. A pesar de lo aparatoso de la lesión, el accidentado no sufrió ninguna pérdida aparente en sus funciones superiores: recordaba lo que había pasado, podía hablar, caminar, mantenía un buen equilibrio, no llegó a perder la consciencia ni minutos después del suceso y sus capacidades perceptivas estaban intactas; lo único, acusó una pérdida de visión en el ojo izquierdo.

Eso sí, según la detallada descripción que su médico hacía del caso, a partir de ese día el comportamiento de Gage varió de manera alarmante. Aquel que había sido un trabajador solícito, educado, discreto y cumplidor se transformó en una persona negligente, irrespetuosa, descarado e informal, y todo ello como resultado de una lesión en la parte izquierda del lóbulo frontal de su cerebro. Gracias a la conservación de su cráneo, a las exhaustivas descripciones que su médico confeccionó y archivó, y a las nuevas tecnologías, recientemente se ha podido determinar con bastante precisión el alcance de las lesiones en su cerebro. Pero lo que más interesa aquí es que su forma de ser cambió drásticamente a partir del día en que se alteró la anatomía de su cerebro. Como indicaba su médico en uno de los informes años después recuperados: «Gage no volvió a ser Gage».

4. Un ejemplo paradigmático de desarrollo de la personalidad

4.1. Silvia: ansiedad y trastorno de la personalidad

Las crisis de ansiedad

Silvia llegó a la consulta aquejada de frecuentes crisis de ansiedad. Explicaba que, de forma repentina y sin que hubiera podido determinar ninguna causa aparente, su corazón se ponía a latir con una fuerza y un ritmo desmesurados. Por más que lo intentara, tenía la sensación de que el aire que inspiraba no llegaba a llenar sus pulmones, como si un tapón le impidiera respirar profundamente. Al momento, una mezcla de náusea y mareo la amenazaba con desmayarse inmediata e irremediablemente; en ese instante tenía la certeza de que iba a morir, de que una enfermedad grave estaba desarrollándose vertiginosamente en su cuerpo. Pero lo que quizás más la atormentaba era pensar en el espectáculo público que todo ello podía suponer. Se imaginaba tumbada en el suelo, rodeada de gente que la observaba estupefacta, seguramente alguien la reconocería

Conflictos interiores

y pronto el barrio entero y todos en el trabajo sabrían lo que había sucedido. Intentaba disimular sus síntomas como podía mientras éstos la aislaban del mundo, quedaba absorta en su propia crisis. Al cabo de pocos minutos, todo había acabado, sus crisis no llegaban a más, aunque por unos instantes ella se había sentido morir.

En total, había padecido cuatro crisis de este tipo en las últimas semanas, dos en el trabajo, una en unos grandes almacenes y la última en casa.

CRISIS DE ANGUSTIA

Aparición temporal y aislada de miedo o malestar intensos, acompañada de cuatro (o más) de los siguientes síntomas, que se inician bruscamente y alcanzan su máxima expresión en los primeros diez minutos	palpitaciones, sacudidas del corazón o elevación de la frecuencia cardíaca
	sudoración
	temblores o sacudidas
	sensación de ahogo o falta de aliento
	sensación de atragantarse
	opresión o malestar torácico
	náuseas o molestias abdominales
	inestabilidad, mareo o desmayo
	desrealización (sensación de irrealidad) o despersonalización (estar separado de uno mismo)
	miedo a perder el control o volverse loco
	miedo a morir
	parestesias (sensación de entumecimiento u hormigueo)
	escalofríos o sofocaciones

Un ejemplo paradigmático de desarrollo de la personalidad

A pesar de que pueda parecer lo contrario, Silvia tenía la suerte de que sus crisis de ansiedad no eran todo lo intensas que acostumbran ser. En la mayoría de ocasiones, los síntomas no pueden ser disimulados y quienes las padecen recurren aterrorizados al servicio de urgencias de algún hospital.

Aunque hasta el momento había podido «contenerlas», Silvia se había recluido en casa para evitar que pudieran sobrevenirle nuevamente en la calle o en el trabajo. Hacía dos semanas que no salía por nada (únicamente dos salidas fugaces: una a su médico de cabecera y la otra al especialista).

Una actitud pasiva

De lo poco que la afectada mencionó en la primera visita, podía deducirse que no iba dispuesta a afrontar activamente su problema, a hacer lo necesario para resolverlo de una vez por todas. Su actitud era más bien la de conseguir un mecanismo sencillo y poco exigente (un «truco») para poder evitar las crisis. Lógicamente, lo que se le iba a proponer no pasaba por ahí, así que rápidamente se le explicó que un «truco» no era lo que debería esperar, sino un tratamiento dirigido a erradicar el problema y no a eludirlo. Su reacción fue de desánimo.

Una timidez extrema

Por otra parte, su comportamiento durante la visita llamaba poderosamente la atención. Como es frecuente en este tipo de trastornos, iba acompañada de su madre, pero en este caso la particularidad residía en que era ésta la que más hablaba. Cada palabra que Silvia pronunciaba, con voz temblorosa, parecía que tuviera que ser arrancada de su boca con unas tenazas. Permanecía casi todo el tiempo con la cabeza gacha y no miró a los ojos del terapeuta en ningún momento, ni cuando éste conseguía por breves momentos que fuera ella la que se expresara. Permanecía en una postura encogida, prácticamente sin moverse, con un semblante asustado y ruborizado. Bien parecía que el médico estuviera visitando a una niña atemorizada por la presencia de extraños, y sin embargo Silvia tenía 34 años.

Un escasísimo contacto interpersonal

Una entrevista exhaustiva permitió conocer que carecía de amistades, trataba con muy poca gente y en todos los casos de una manera circunstancial y superficial; sin embargo, lo peor de todo era que se sentía terriblemente insatisfecha con ese estilo de vida y con su manera de reaccionar ante las situaciones sociales. Únicamente tenía confianza con sus padres, con los que pasaba prácticamente todo el tiempo. Siempre había sido muy esquiva, y cuando ellos invitaban a alguien a casa (lo que sucedía muy de tarde en tarde), ella se mostraba distante y callada. Según manifestó, ante los desconocidos prefería callar antes que decir alguna tontería, «sería muy propio de mí», añadía. Según su madre, ni de niña había tenido alguna amiguita con la que jugar al salir del colegio. Todos los profesores que había tenido en la escuela se habían preocupado por lo poco que se relacionaba con sus compañeros y por lo vergonzosa que era, pero lo atribuían a «cosas de la edad». Siempre había conseguido un buen rendimiento escolar, excepto cuando debía salir a la pizarra, momento en que se quedaba bloqueada y era incapaz de resolver el problema más sencillo.

Una elevada falta de seguridad en sí misma

Mientras siguió en la escuela, con los mismos profesores y compañeros, no existieron problemas, pero en la universidad todo fue diferente. Alentada por su padre, inició los estudios de arquitectura, aunque tuvo que dejarlos por la dificultad que le representaba interactuar con sus compañeros y por el gran miedo que le producía una valoración negativa de sus trabajos, o simplemente que éstos pudieran quedar expuestos a la vista de los demás. A esto, su madre añadía: «Es una lástima que lo dejara: según mi marido, es realmente buena». Empezó a trabajar en el estudio de arquitectura de su padre como delineante, al mismo tiempo que se preparaba para esa titulación sin asistir a clases. En el trabajo, interactuaba poco con los otros empleados; siempre enfrascada en sus planos, su actividad se limitaba a su mesa de dibujo.

Dos problemas en uno

Estaba claro que, aparte de sus crisis de ansiedad y la reclusión que éstas habían propiciado, Silvia padecía otro problema de salud: un trastorno de la personalidad.

En cuanto al primero, las crisis desaparecieron rápidamente con el tratamiento psicológico y farmacológico adecuado, y pronto recobró su actividad normal.

Respecto al segundo, su personalidad, precisó de un tratamiento más dilatado y complicado (véase pág. 92), si bien también mostró una buena evolución. Conocer la relación de la afectada con sus padres, y la forma de ser de éstos, ayudó a entender cómo había llegado a desarrollar unos rasgos de personalidad tan extremos. Elena y José Luis (sus padres) también tenían las mismas particularidades.

4.2. La madre: protectora, indecisa e insegura

Elena estaba muy angustiada e implicada en el problema de su hija. Se mostraba dispuesta a hacer todo lo que hiciera falta para resolverlo. En algunos momentos parecía que quien sufría las crisis de ansiedad fuera ella en lugar de Silvia. Era una madre exageradamente protectora; no especialmente ahora que existía un problema real de salud, sino que, según ella misma reconocía, siempre lo había sido. Lo cierto es que no sólo su hija despertaba tal preocupación. Se trataba de una mujer fácilmente alterable por todo, con una clara tendencia a generar problemas a partir de pequeñeces que finalmente resultaban de sencilla solución. Altamente indecisa y necesitada del consejo constante de su marido para afrontar cualquier dilema, siempre consultaba con él antes de tomar cualquier determinación, amedrentada por la posibilidad de equivocarse.

En su juventud, Elena había estudiado historia del arte, pero nunca llegó a ejercer su profesión. Se casó muy joven y se volcó en el cuidado de la familia y del hogar. A pesar de ello, gran parte del día lo dedicaba a su única afición: el estudio de la pintura renacentista italiana. Tenía la casa llena de libros e ilustraciones sobre este tema; podía pasarse horas y horas contemplando las obras de sus pintores favoritos y leyendo sobre ellos. Su círculo de amistades prácticamente se reducía a una antigua compañera de universidad con la que departía sobre arte e intercambiaba cuantas informaciones conseguían sobre Miguel Ángel, Da Vinci, Botticelli, Tintoretto o Fra Angelico.

4.3. El padre: poco sociable, perfeccionista y obsesionado con su trabajo

José Luis tampoco era un prodigio de las relaciones sociales. Hacía años que había montado un estudio de arquitectura con un compañero de carrera, y funcionaba muy bien. Se complementaba a la perfección con su socio, éste, dedicado a la búsqueda de clientes y a las relaciones con los colegas, y él, absorto en su trabajo de estudio (imaginar, proyectar, dibujar, etc.). Nunca había soportado el componente de relaciones sociales que implicaba su profesión, «tener que hacerte el simpático, discutir un plano con un cliente por motivos de trabajo, que no sabe de arquitectura, o renunciar a algún aspecto del proyecto que te ha costado horas integrar son cosas para las que no estoy hecho». A pesar de todo, cuando no tenía más remedio que reunirse con un cliente, lo hacía; y ello no le suponía una ansiedad excesiva o sentimientos de incapacidad, como hubiera sido el caso de su hija.

Por otra parte, José Luis era una persona muy exigente consigo misma, siempre se esforzaba al máximo de sus posibilidades, y ése era un estilo que había intentado inculcar en Silvia. Se trataba de alguien fácilmente angustiado por cualquier dificultad o inconveniente que apareciera, y no podía quitárselos de la cabeza hasta que no daba con una solución que le pareciera satisfactoria. Pasaba gran parte del día en el estudio, asegurándose de que el trabajo se desarrollara bien y a tiempo, repasando todo lo que llevaban a cabo sus empleados por miedo a que surgiera algún error.

4.4. Los trastornos de Silvia: la genética y los estímulos familiares

No es extraño que Silvia fuera ansiosa. Sus padres lo eran, por lo que poseía una elevada predisposición genética. Sin embargo, tras imaginar el ambiente en el que se desarrolló la afectada, se encontrarían muchos elementos que podrían ayudar a entender su extrema forma de ser.

Puesto que Elena y José Luis eran poco amantes de las relaciones sociales, su hija tuvo pocas oportunidades para practicar este tipo de habilidades. Muy probablemente de ahí naciera parte de las dificultades que mostraba por desenvolverse con normalidad en situaciones de contacto interpersonal. También es fácil suponer que su incapacidad para afrontar los obstáculos y su actitud pasiva ante los problemas, esperando que alguien los resolviera en su lugar o se solucionasen por sí mismos, estuviera vinculada al excesivo proteccionismo de su madre, no habiéndole permitido realizar aprendizajes como el de la toma de decisiones. A todo ello, se debían sumar las lecciones de autoexigencia que recibió desde niña, que en lugar de producir el efecto probablemente deseado por su padre, habían derivado en una tremenda inseguridad, un miedo insalvable a la equivocación que mantenía contenida toda su posible creatividad y que la hacían rehuir cualquier posible valoración de sus trabajos. En definitiva, Silvia había crecido con una genética y en un entorno estimular que favorecieron su falta de habilidades sociales, una timidez extrema, una elevada inseguridad, una baja autoestima, una tendencia a evitar todo aquello que pudiera representar una «amenaza», etc.; en conjunto, la aparición de un trastorno de la personalidad.

5. Cuando la personalidad está enferma

5.1. La interacción con el entorno

El ser humano está en constante interacción con su entorno. Continuamente está captando, a través de sus sentidos, infinidad de estímulos, pero sólo una pequeña parte de ellos será seleccionada y procesada, siendo la que acabará determinando su comportamiento.

Por ejemplo, intente pensar en todos los estímulos que llegan a usted mientras lee este libro: la intensidad de la luz, la temperatura ambiente, cada uno de los sonidos exteriores, las múltiples sensaciones de su propio organismo, el tacto del libro en sus manos, de su ropa o de la silla y, obviamente, las palabras que está leyendo. Es de esperar que su atención se centre en este último estímulo, y que por tanto el resto le haya pasado desapercibido; si no ha sido así, en este momento no será capaz de recordar lo que ha leído. Por esa razón, puede resultar muy difícil concentrarse en la lectura si tenemos poca luz, frío, alguien hablando a nuestro lado, hambre, un asiento incómodo, etc., y sólo si la lectura resulta lo suficientemente interesante para prevalecer sobre los demás estímulos, podremos olvidarnos de ellos y concentrarnos en lo que estamos leyendo. Por el contrario, si predomina la sensación de hambre, en lugar de leer es de esperar que nos dispongamos a comer algo; o si lo que principalmente percibimos es frío, nos preocuparemos de abrigarnos o de encender la calefacción. Es decir, los estímulos que resulten prioritarios (aquellos que capten nuestra atención) tendrán la capacidad de determinar las conductas que realicemos. Todo este proceso sucede de manera constante y automática, y cómo no, estará mediatizado por la personalidad. En consecuencia, si los trastornos de la personalidad no son más que exageraciones o manifestaciones extremas de formas de ser comunes entre nosotros, cabe esperar que sea posible definir diferentes tipologías de trastornos de la personalidad en función del tipo de estímulos que con mayor facilidad atraigan la atención e induzcan la realización de conductas desadaptativas.

5.2. ¿Qué significa trastorno de la personalidad?

Según uno de los organismos más prestigiosos y con mayor autoridad en el terreno de la psiquiatría y de la psicología clínica, la American Psychiatric Association (Asociación de Psiquiatría Americana, APA), un trastorno de la personalidad se define como «un patrón permanente e inflexible de experiencia interna y de comportamiento que se aparta acusadamente de las expectativas de la cultura del sujeto, tiene su inicio en la adolescencia o principio de la edad adulta, es estable a lo largo del tiempo y comporta un deterioro funcional o malestar significativos en quienes lo presentan». Así puede leerse en el *Manual diagnóstico y estadístico de los trastornos mentales (DSM-IV)*, que esta sociedad revisa y reedita regularmente (la última vez en 1994) y que supone una especie de «biblia diagnóstica» para los clínicos.

Esta definición de trastorno de la personalidad ofrece algunos matices que sería aconsejable no pasar por alto. A saber:

– **Criterio temporal.** Los rasgos de personalidad problemáticos deben estar presentes desde la adolescencia o el inicio de la edad adulta. La personalidad aún se está forjando durante los primeros años del desarrollo. A menor edad, mayor probabilidad de cambio en algunos de los rasgos. Considerar el inicio de la edad adulta como momento a partir del cual se considera la personalidad ya formada y, por tanto, desde el que puede valorarse la presencia de trastorno (se descarta la posibilidad de cambios sustanciales), es el resultado de una mera convención entre especialistas, eso sí, una convención con mucho sentido.
– **Inflexibilidad y deterioro funcional o malestar significativos.** La definición explicita que la personalidad del afectado debe mostrar estos aspectos para considerar la presencia de trastorno. Es decir, esa forma de ser debe provocar dificultades de adaptación, o ser percibida como inadecuada y problemática por quien la presenta, existiendo una incapacidad para modular su comportamiento en función del entorno en que se encuentre.

- Subordinación de la patología de la personalidad al contexto cultural en que ésta se evalúe. Las conductas presumiblemente inadecuadas en nuestra sociedad pueden resultar perfectamente comunes y pertinentes en otras. Por ello, no debe perderse de vista, cuando se evalúa la posible presencia de trastorno de la personalidad, el entorno cultural en que debe desenvolverse quien es examinado. Por ejemplo, que una mujer rinda absoluta obediencia y sumisión a los dictados de su marido sería, en nuestro ámbito cultural, un posible indicador de trastorno de la personalidad, ya que este tipo de comportamiento no es común en nuestro entorno. Sin embargo, también es cierto que, en un buen número de culturas, esta actitud frente al marido sería perfectamente esperable, no comportando ningún indicio de disfuncionalidad.

5.3. Un «mal cotidiano»

Los trastornos de la personalidad pueden ser considerados como «males cotidianos», por cuanto se trata de exageraciones de formas de ser comunes entre nosotros; afectan a la persona en un sentido global, no ciñéndose a momentos o a situaciones concretos; son altamente prevalentes (presentes) en la población; y acompañan a quienes los padecen a lo largo de toda su vida (a no ser que reciban un tratamiento adecuado).

Exageraciones de formas de ser comunes entre nosotros

Al oír hablar de una persona que padece un trastorno psicológico o psiquiátrico, es habitual que uno se forme una idea exagerada de lo que el experto quiere referir. Se tenderá a crear la imagen que los medios de comunicación o la cinematografía han ofrecido habitualmente de este tipo de afectados. Aparecerá Hannibal Lecter de *El silencio de los corderos*, o el personaje que Robin Williams encarnaba en *El rey pescador*, o quizás los compañeros de psiquiátrico de Jack Nicholson en *Alguien voló sobre el nido del cuco*. Con el importante desarrollo que en los últimos años ha experimentado la psicofarmacología, uno difícilmente encontrará pacientes psiquiátricos con un comportamiento tan claramente extravagante. Pero aun escapando de cualquier tratamiento, la mayoría de quienes padecen un trastorno de la personalidad no muestra una apariencia tan excéntrica. Las personas con un trastorno de este tipo no deliran, ni alucinan, ni se encuentran en un estado catatónico (totalmente abstraídos de lo que les rodea, sin responder a ningún estímulo) o de hiperactivación motora (hiperactividad y comportamiento inapropiados).

Recordemos a los afectados que han sido mencionados hasta ahora: Isabel (aquella mujer incapacitada por un persistente dolor de cabeza, y necesitada de apoyo y consejo constantes –véase pág. 9–); Rafael (quien estaba a punto de ser abandonado por su mujer, en gran parte como consecuencia de su extrema rigidez –véase pág. 12–); y Silvia (que padecía crisis de ansiedad y una incapacidad total para desenvolverse en entornos sociales –véase pág. 53–).

A pesar de conllevar un elevado grado de malestar personal en los casos de Isabel y Silvia, y de originar importantes problemas conyugales en el de Rafael, en principio, ninguno de ellos parecía precisar de tratamiento psiquiátrico o psicológico. Sin embargo, sus problemas de salud y de pareja estaban claramente asociados a sendos trastornos de la personalidad.

Un modo de ser que afecta globalmente

Volviendo sobre la definición de trastorno de la personalidad elaborada por la APA, y coincidiendo con la formulación de personalidad en sentido amplio (véase pág. 19), ésta hace referencia a un patrón permanente de experiencia interna (sentir y pensar) y de comportamiento, que se muestra estable en el tiempo. Es decir, a un modo habitual de conducta, emocionalidad y pensamiento que se mantiene a lo largo de la vida y que se manifiesta en múltiples ámbitos de funcionamiento, no siendo específico de una situación concreta.

Esto permite diferenciar entre los llamados *trastornos de estado* (eje diagnóstico I según el DSM-IV) y los *de rasgo* (eje II).

- **Trastornos de estado.** Harían referencia a los síndromes psiquiátricos que se desencadenan en un momento concreto de la biografía de la persona, bien por una disfunción cerebral de causa conocida o desconocida, bien fruto de una fuerte presión ambiental (por ejemplo, los trastornos del estado de ánimo, de ansiedad, la esquizofrenia, etc.).
- **Trastornos de rasgo.** Estarían reservados a los trastornos de personalidad y al retraso mental, es decir, a predisposiciones con las que el individuo nace y que no precisan de un desencadenante para manifestarse, sino que son inherentes al propio individuo.

O sea, un estudiante en plena época de exámenes finales, con una fuerte presión ambiental hacia el estudio, unas malas calificaciones previas, poco tiempo y mucha materia para memorizar, escasas horas de sueño superadas mediante el consumo de excitantes, etc., es posible que llegue a desencadenar un *trastorno de ansiedad* (de estado o del eje I), y en ese caso se dirá que *está* ansioso.

Por contra, de aquel alumno que cada año en el mes de enero ya se angustia pensando en los exámenes finales, que cuando no ha conseguido evitar intervenir en clase lo ha hecho con la voz trémula y la cara enrojecida, para el que cualquier dificultad parece ser un problema insalvable, etc., se dirá que *es* ansioso, y será un firme candidato (caso de que las características comentadas resulten incapacitantes) a presentar un trastorno de la personalidad de tipo ansioso (de rasgo o del eje II).

Una alta prevalencia entre la población

La *epidemiología* es la disciplina científica encargada de estudiar la distribución de las enfermedades y sus determinantes en las poblaciones que se definan. Diversos estudios epidemiológicos muestran que alrededor de un 14 % de la población general es susceptible de recibir un diagnóstico de trastorno de la personalidad. Esta *tasa de prevalencia* (porcentaje de afectados respecto de la población total estudiada) alcanza un valor aproximado del 38 % cuando los estudios se centran únicamente en personas que acuden a un centro de asistencia psiquiátrica o psicológica. Por tanto, se puede considerar los trastornos de la personalidad como «males cotidianos» también en el sentido de que son mucho más frecuentes entre nosotros de lo que en principio pudiéramos haber supuesto.

> **RECUERDE**
>
> **Podemos considerar los trastornos de la personalidad como «males cotidianos» porque...**
>
> ❖ son exageraciones de formas de ser comunes entre nosotros.
> ❖ afectan al funcionamiento global de la persona.
> ❖ están muy presentes en la población.
> ❖ acompañan a quienes los padecen a lo largo de toda su vida (a no ser que reciban el tratamiento oportuno).

5.4. Relación con otros trastornos mentales

Cuando anteriormente se mencionaban los estudios epidemiológicos y los datos que indicaban el porcentaje de afectados en una población determinada (tasa de prevalencia), se podía observar una mayor presencia de trastornos de la personalidad en pacientes psiquiátricos que en la población general. En función del diagnóstico de estado que se considere, se podrá encontrar, al mismo tiempo, una mayor o menor presencia de trastornos de la personalidad.

Así, diversos trabajos clínicos llevados a cabo en diferentes centros médicos muestran que en grupos de afectados por depresión, aproximadamente un 45 % es susceptible de recibir al mismo tiempo un diagnóstico de trastorno de la personalidad. En el caso de aquellos con *trastorno de somatización* (presencia de importantes síntomas físicos sin causa médica aparente) o *trastorno dismórfico corporal* (preocupación patológica por algún defecto físico imaginario o exagerado), el porcentaje llega a sobrepasar en algunos estudios el 70 %. Contrariamente, la tasa de prevalencia es mucho menor al considerar únicamente estudios realizados con pacientes de *trastorno de pánico* (ataques agudos y momentáneos de ansiedad) o diagnosticados de *agorafobia* (miedo excesivo e invalidante a situaciones o lugares de donde la persona juzga difícil o embarazoso poder salir).

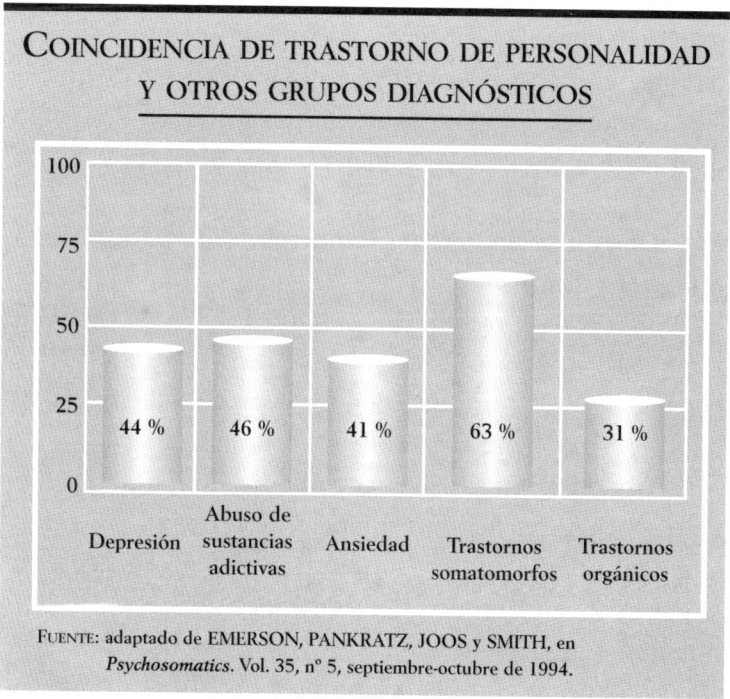

FUENTE: adaptado de EMERSON, PANKRATZ, JOOS y SMITH, en *Psychosomatics*. Vol. 35, n° 5, septiembre-octubre de 1994.

Una comorbilidad elevada y selectiva

De esta elevada y selectiva ocurrencia conjunta entre los trastornos llamados *de estado* y los *de rasgo* (los de personalidad), se desprende la posible existencia de algún tipo de relación entre ambos tipos de disfunciones. Se han planteado diversos modelos de relación entre estos dos tipos de trastornos. Desde considerar a los de personalidad como manifestaciones subclínicas (atenuadas) de los síndromes del eje I, hasta considerarlos el resultado de una complicación cronificada de los trastornos de estado.

También ha habido quien ha propuesto que ambos tipos de trastornos son independientes entre sí, poseyendo cada cual una entidad propia y diferenciada del otro, pero que por mantener una relación común con un tercer factor (no necesariamente conocido) suceden juntos en el tiempo; o quienes han formulado que son manifestaciones clínicas alternativas de un mismo desencadenante genético o constitucional.

El trastorno de la personalidad como predisposición a algunos síndromes

De todas las posibilidades planteadas, la que quizás ha alcanzado un mayor consenso de los expertos ha sido la de considerar que la presencia de un trastorno de la personalidad predispone al desarrollo de los síndromes del eje I.

El teórico americano Theodore Millon usa un símil médico para explicar este modelo de relación que resulta altamente clarificador. Según este autor, se debe pensar en la personalidad como en el sistema inmunitario de nuestro organismo mental. De la misma manera que nuestras defensas corporales se encargan de filtrar los agentes externos con los que nos ponemos en contacto y de acabar con los patógenos que consiguen entrar en nuestro organismo, nuestra personalidad determinará el tipo de estímulos a los que nos expondremos, cómo los percibiremos y el impacto emocional que sobre nosotros llegarán a tener. Así, como un sistema inmunitario anormalmente débil no nos protegerá debidamente y nos dejará expuestos a gran número de patógenos que nos harán enfermar con facilidad, una personalidad trastornada nos dejará expuestos a determinado tipo de estímulos, no protegiéndonos debidamente del impacto afectivo de éstos y facilitando que nuestra «mente» enferme.

Un tratamiento no siempre único

Determinar la vinculación entre los trastornos del eje I y del II no importa únicamente por su trascendencia teórica, sino que puede matizar e influir la definición, la evaluación y el tratamiento de los trastornos de la personalidad.

Así, por ejemplo, hasta hace relativamente poco tiempo, se había considerado que los trastornos de la personalidad de tipo ansioso compartían los mismos mecanismos neurobiológicos con los trastornos de ansiedad del eje I. Ello había llevado a usar los fármacos que tradicionalmente se habían empleado para contrarrestar la respuesta de ansiedad, en personas con trastornos de la personalidad de tipo ansioso. Los beneficios terapéuticos conseguidos en estos casos eran escasos. Actualmente parece aceptarse que los mecanismos implicados en uno y otro tipo de trastorno no serían perfectamente correspondientes y, por tanto, que su enfoque terapéutico debería diferir en algunos aspectos fundamentales (véase pág. 92).

5.5. ¿Categorías o dimensiones?

Antes de entrar en la descripción de los diferentes tipos de trastornos de la personalidad, conviene matizar bajo qué modelo serán conceptualizados. La psiquiatría y la psicología clínica actuales se basan en el modelo médico tradicional para establecer el diagnóstico de los afectados, es decir, para consensuar entre los distintos clínicos cuál, si se da el caso, es el trastorno que sufre la persona evaluada y hacia dónde es necesario orientar su tratamiento.

Los manuales diagnósticos

Para ello, se dispone de manuales diagnósticos que pretenden dirigir esta tarea, recogiendo toda la casuística posible. El DSM-IV (véase pág. 63), y el CIE-10 (apadrinado por la OMS) se plantean unas *categorías* (o etiquetas) diagnósticas que se aplican al afectado en caso de que éste cumpla un número mínimo de *criterios* (o condiciones).

El DSM-IV

En el capítulo de los trastornos de la personalidad, este manual contempla once posibles diagnósticos. Diez son específicos y una última categoría de «trastorno de la personalidad no especificado»:

❶ Trastorno paranoide de la personalidad.
❷ Trastorno esquizoide de la personalidad.
❸ Trastorno esquizotípico de la personalidad.
❹ Trastorno antisocial de la personalidad.
❺ Trastorno límite de la personalidad.
❻ Trastorno histriónico de la personalidad.
❼ Trastorno narcisista de la personalidad.
❽ Trastorno de la personalidad por evitación.
❾ Trastorno de la personalidad por dependencia.
❿ Trastorno obsesivo-compulsivo de la personalidad.

Por ejemplo, la categoría de «trastorno de la personalidad por evitación» será aplicada a quienes cumplan como mínimo cuatro de los siete criterios siguientes:

❶ Evita trabajos o actividades que impliquen un contacto interpersonal importante debido al miedo a las críticas, la desaprobación o el rechazo.

❷ Es reacio a implicarse con la gente si no está seguro de que va a agradar.

❸ Demuestra represión en las relaciones íntimas debido al miedo a ser avergonzado o ridiculizado.

❹ Está preocupado por la posibilidad de ser criticado o rechazado en las situaciones sociales.

❺ Está inhibido en las situaciones interpersonales nuevas a causa de sentimientos de inferioridad.

❻ Se ve a sí mismo socialmente inepto, personalmente poco interesante o inferior a los demás.

❼ Es extremadamente reacio a correr riesgos personales o a implicarse en nuevas actividades debido a que pueden ser comprometedoras.

Si recordamos el caso de Silvia (véase pág. 53) comprobaremos que muy probablemente llegaría a cumplir, como mínimo, los cuatro criterios preceptivos para recibir el diagnóstico de *trastorno de la personalidad por evitación*.

TRASTORNOS DE LA PERSONALIDAD
CARACTERÍSTICAS PRINCIPALES DIAGNÓSTICO DSM-IV

Paranoide. Desconfianza y suspicacia general, sospecha constante de mala intención en lo que los demás hacen o dicen.

Esquizoide. Frialdad emocional, carencia de sentimientos fuertes y desvinculación afectiva de quienes les rodean. Desinterés por las relaciones sociales.

Esquizotípico. Excentricidad en el comportamiento, distorsiones perceptivas y extravagancia en la apariencia con una habitual falta de habilidades sociales.

Antisocial. Desprecio e incapacidad por el cumplimiento de normas, moral particular, falta de responsabilida. Presencia de comportamientos antinormativos ya antes de los 15 años.

Límite. Inestabilidad emocional y relacional, combinada con problemas graves de impulsividad que en muchos casos implica autolesiones e incluso intentos de suicidio.

Histriónico. Necesidad de ser el centro de atención, ello implica un comportamiento emocional teatralizados (sobreactuados).

Narcisista. Sentimientos de grandiosidad que conllevan la necesidad de admiración constante por parte de los demás. Falta de atención a los deseos o emociones de quienes les rodean.

Por evitación. Autopercepción de ineficacia e hipersensibilidad a la evaluación negativa, repercutiendo en una inhibición social absoluta e indeseada.

Por dependencia. Incapacidad de funcionamiento autónomo. Necesidad constante de protección y ayuda, implicando sumisión a los deseos de los demás.

Obsesivo-compulsivo. Inflexibilidad en la manera de pensar y actuar, perfeccionismo y necesidad de control que repercuten negativamente sobre la eficiencia.

El CIE-10

Contempla las siguientes categorías diagnósticas:
- **Trastornos específicos de la personalidad**
❶ Trastorno paranoide de la personalidad.
❷ Trastorno esquizoide de la personalidad.
❸ Trastorno disocial de la personalidad.
❹ Trastorno de inestabilidad emocional de la personalidad tipo impulsivo.
❺ Trastorno de inestabilidad emocional de la personalidad tipo límite.
❻ Trastorno histriónico de la personalidad.
❼ Trastorno anancástico de la personalidad.
❽ Trastorno ansioso (con conducta de evitación) de la personalidad.
❾ Trastorno dependiente de la personalidad.
❿ Otros trastornos específicos de la personalidad.
⓫ Trastorno de la personalidad sin especificación.

- **Trastornos mixtos y otros de la personalidad.**

La mecánica para establecer un diagnóstico sería exactamente la misma que con el DSM-IV.

El caso de Silvia, la categoría que se aplicaría sería la de trastorno ansioso (con conducta de evitación) de la personalidad, que es como es denominado en este manual lo que el DSM-IV menciona como «trastorno de la personalidad por evitación». Distintos nombres para un mismo problema.

Siguiendo el CIE-10, Silvia debería cumplir al menos tres de los siguientes:
❶ Sentimientos constantes tanto de tensión emocional como de temor.

❷ Preocupación por ser un fracasado, sin atractivo personal o por ser inferior a los demás.
❸ Preocupación excesiva por ser criticado o rechazado en sociedad.
❹ Resistencia a establecer relaciones personales si no es con la seguridad de ser aceptado.
❺ Restricción del estilo de vida debido a la necesidad de tener una seguridad física.
❻ Evitación de actividades sociales o laborales que impliquen contactos personales íntimos, por el miedo a la crítica, reprobación o rechazo.

El modelo categorial de clasificación: problemas de validez

¿Qué sucedería si Silvia, incluso con el importante malestar y los problemas que su forma de ser le han conllevado, no cumpliera el número mínimo de estos criterios? ¿Se debería entonces descartar la existencia de un trastorno de la personalidad? ¿O quizás sí existiría tal patología pero con un diagnóstico distinto al de evitación? En este caso ¿debería recibir un tratamiento distinto al de quien sí cumpliera los criterios preceptivos, por cuanto no recibirían el mismo diagnóstico? Estos y otros interrogantes surgen del uso de un modelo categorial de clasificación de los trastornos de la personalidad. Según esta concepción, existiría una discontinuidad entre la personalidad «normal» y la patológica, se trataría de entidades cualitativamente distintas, y los diversos trastornos de la personalidad serían igualmente diferentes entre sí. No obstante, esta visión conlleva graves problemas de validez.

❶ Subyuga la normalidad o anormalidad a la existencia de un número determinado de criterios, sin tener en cuenta el efecto que la personalidad del afectado pueda llegar a tener de manera global en su funcionamiento diario. En ocasiones, uno se encuentra ante personas que presentan una clara disfuncionalidad o un elevado malestar aun cumpliendo un escaso número de criterios diagnósticos para trastorno de la personalidad. O a la inversa, individuos con una elevada presencia de criterios diagnósticos muestran una clara adaptación a su entorno y escasa percepción de malestar.

❷ Son diversos los trabajos que han puesto de manifiesto la elevada comorbilidad existente entre los diferentes diagnósticos del eje II. Es decir, que en demasiadas ocasiones las personas evaluadas son susceptibles de recibir más de dos y de tres diagnósticos de trastorno de la personalidad distintos. Esta circunstancia impide realizar una clara definición de los problemas del afectado y un eficiente abordaje terapéutico. En parte, este solapamiento entre etiquetas diagnósticas ocurre debido a la baja convergencia y divergencia de los criterios definidos por el DSM-IV y el CIE-10. En otras palabras, se pueden encontrar criterios diagnósticos de un mismo trastorno de la personalidad escasamente relacionados entre sí, e incluso algunos de ellos mucho más relacionados con los de otras categorías de trastorno de la personalidad.

Éstas y otras deficiencias del modelo categorial han empujado a muchos teóricos a replantearse la perspectiva clásica de los trastornos de la personalidad, derivando hacia concepciones dimensionales mucho más enraizadas en la tradición experimental que en la clínica. Ésta supone una continuidad entre la personalidad «normal» y la «anormal», permitiendo una definición de los trastornos de la personalidad a partir de rasgos o dimensiones que describirían a la totalidad de la población. La posible patología estaría determinada por la presencia de una incapacidad adaptativa y/o de una significativa percepción de malestar, relacionadas con la presencia extrema (por exceso o por defecto) en esos rasgos o dimensiones.

No se descubre nada nuevo apuntando que esta última es la perspectiva que hasta el momento ha seguido este libro, y con la cual se pretende continuar.

Siguiendo con esta argumentación, el tratamiento de los trastornos de personalidad debe pasar por la reducción del malestar percibido y el aprendizaje de estrategias que permitan una mejor adaptación al entorno, modulando el fenotipo de la personalidad, es decir, atenuando en la medida de lo posible aquellos rasgos que se hayan mostrado exagerados.

6. Un perfil que se repite: los ansiosos

6.1. ¿Cómo se caracteriza la ansiedad?

En la práctica clínica, y al evaluar la personalidad de algunas personas con evidentes problemas adaptativos y de insatisfacción, frecuentemente los especialistas se encuentran con un perfil de rasgos que se repite de manera clara. Se trata de la *dimensión de ansiedad*, que se caracteriza por:

❶ **Una alerta constante** hacia los posibles indicios de peligro existentes en el entorno.
❷ **Una exagerada tendencia** a percibir como amenazadoras gran parte de las situaciones en las que se encuentran.
❸ **Una elevada reactividad del sistema nervioso autónomo** que implica una fácil percepción de palpitaciones, sudoración, temblor, opresión en el pecho, etc.
❹ **Un estilo de comportamiento basado en la evitación pasiva**, es decir, por no llevar a cabo todos aquellos comportamientos que consideren asociados a estímulos

aversivos o que intuyan que puedan conllevar consecuencias negativas.

❺ **Una especial predisposición al análisis**, a dar vueltas y más vueltas a cada decisión que deban tomar, a cada problema con el que se encuentren, a cada novedad a la que deban hacer frente.

La intranquilizadora anticipación de inconvenientes

Imaginemos un fin de semana en la montaña con un grupo de amigos, entre los cuales se encuentra Eugenio. Él lleva varios días siguiendo los partes meteorológicos por si el tiempo no fuera el más indicado para la excursión. Ya desde el principio, mostraba sus reticencias: «No sé si hacemos bien en ir a la montaña, noviembre es un mes peligroso, puede nevar y podemos quedar incomunicados». Cuando el viernes le llaman para la cita del día siguiente, sus amigos intentan tranquilizarlo diciéndole que las previsiones son favorables y anuncian buen tiempo, pero él interpone: «No hagáis mucho caso, estos meteorólogos casi nunca aciertan en sus predicciones». Al día siguiente, caminando por algún sendero, parece intranquilo, no para de mirar hacia el cielo: no está tan despejado como se podría haber esperado, aunque para nada parece amenazar tormenta. Su comportamiento es acelerado; parece necesitado de llegar cuanto antes al refugio; responde mal a las bromas de los del grupo; y se le nota nervioso. Al poco se le oye decir: «Habéis visto aquellas nubes en el horizonte, no sé si no deberíamos pensar en volver». Lo que para él son unas oscuras y amenazadoras nubes de tormenta, para el resto posiblemente es la difusa línea de la cordillera que limita al norte. Una vez en el refugio y un rato después de comer, rehúsa salir de nuevo de excursión porque «se hará de noche enseguida, y esas nubes del horizonte ya deben de estar a punto de llegar y descargar». A pesar de insistir en que la propuesta es la de un corto paseo, y aun argumentándole que si llegase a nevar, algo poco probable, el riesgo de quedar incomunicado en esa zona es prácticamente nulo, Eugenio prefiere esperar bajo techo. Cuando, desde el umbral de la puerta, sus amigos se despiden de él hasta luego, los mira y añade: «Es mejor que me quede, alguien deberá pedir ayuda si finalmente la nevada os dejara incomunicados».

Un estilo perceptivo y comportamental no intencionado

Pese a esta anecdótica representación de cómo se comporta una persona con una elevada ansiedad (a partir de ahora siempre en referencia a la dimensión de personalidad, no a un estado) es importante señalar que esta forma de ser, en su versión extrema y por tanto patológica, se presenta comúnmente acompañada de un significativo malestar y de importantes limitaciones funcionales.

No cabe pensar que se trate de un *modus operandi* voluntario o deseado por quien lo presenta, sino que se dará de manera automática, no intencionada. No es cierto que las personas con una elevada ansiedad decidan analizar ampliamente su entorno con el fin de detectar posibles peligros, ni que acuerden reflexionar largamente sobre las posibles amenazas asociadas a una situación concreta hasta concluir que conviene evitarla. Se tratará de un estilo perceptivo y comportamental inherente a la persona, que se desencadenará ante determinados estímulos de manera inmediata y no intencionada, produciéndose en la mayoría de ocasiones de manera no consciente.

ANSIEDAD

Alta	Baja
Predisposición al análisis y a la reflexividad	Forma de ser despreocupada
Comportamiento extremadamente cuidadoso	Realización de conductas arriesgadas
Tensión en la apariencia externa	Tranquilidad y serenidad aparentes
Atención excesiva al posible peligro	Inadvertencia del peligro
Limitación del repertorio conductual	Escasa limitación conductual

6.2. Algunas evidencias experimentales

Son muchas las investigaciones que sobre esta dimensión de personalidad se han llevado a cabo, gran parte de ellas dirigidas al estudio de los individuos con una alta ansiedad. Este hecho permite una mejor precisión en la descripción de los procesos psicológicos de aquellos situados en el *extremo superior del continuo*, respecto de los que ocuparían el *extremo inferior* (baja ansiedad). Probablemente, este sesgo surge de la mayor percepción de desadaptabilidad de quienes presentan en exceso esta característica, siendo los que se sitúan en el otro polo de la dimensión aparentemente más capaces de acomodarse a las variaciones del entorno. A pesar de ello, no debe suponerse que las personas con una baja ansiedad tengan garantizada la normalidad clínica. De hecho, esta característica puede también implicar francos problemas de conducta, más si se le añade una elevada predisposición a la recompensa (véase pág. 99).

La asociación de estímulos

Diversos trabajos de laboratorio han puesto de manifiesto que presentar estímulos aversivos puede, en función de su vinculación con la tarea a desarrollar, facilitar o dificultar el aprendizaje de los individuos con una elevada ansiedad.

Cuando se trataba de asociar diferentes *estímulos* en principio *neutros* (por ejemplo, una nota musical, una cartulina de un color determinado, la diapositiva de un paisaje, etc.) con *estímulos aversivos* (un pitido muy agudo, una pequeña descarga eléctrica, una imagen desagradable como la diapositiva de una autopsia, etc.), los individuos con una personalidad característicamente ansiosa realizaban de manera más rápida y potente la asociación, mientras aquellos escasamente ansiosos lo hacían en menor medida. Llegaba un momento en que la nota musical, la cartulina de color o la visión del paisaje provocaban por sí solas la misma respuesta de *alarma* (aumento de la sudoración, de la tensión muscular, etc.) que eran capaces de provocar los estímulos aversivos.

En aquellos con una mayor ansiedad rasgo, los estímulos inicialmente inocuos se convertían rápidamente en predictores de la aparición de los estímulos desagradables, provocando de manera anticipada la respuesta automática del organismo (alarma).

A partir de estos trabajos, podría explicarse por qué las personas con una personalidad característicamente ansiosa perciben muchas más amenazas en su entorno; para ellas es relativamente fácil que estímulos en principio neutros adquieran una valencia negativa por asociación con otros estímulos de esta índole.

Un mejor rendimiento por una mayor capacidad para evitar lo aversivo

De manera similar, diversos estudios realizados en la Universidad Autónoma de Barcelona y en la Jaume I de Castellón demostraban que las personas ansiosas presentaban un mayor rendimiento en tareas en las que la respuesta implicaba eludir estímulos aversivos. Así, en pruebas donde debían aprender a identificar una señal y dejar de responder ante ella para evitar, por ejemplo, recibir una pequeña descarga eléctrica, su rendimiento era mejor (cometían menos errores) que el de los bajos en ansiedad.

Análogamente, investigaciones realizadas en situaciones reales (no de laboratorio) reforzaban estos resultados. En uno de ellos, podía apreciarse cómo los altos en ansiedad mostraban un mejor rendimiento escolar cuando el profesor tenía un estilo educativo con predominio de *castigos* (no físicos, obviamente), que cuando basaba sus estrategias educativas en la *recompensa* (premios contingentes al trabajo). Probablemente la mejoría en el rendimiento permitía eludir la posibilidad de recibir un castigo, lo que facilitaba el aprendizaje en los alumnos más ansiosos.

Un comportamiento más precavido

Por otra parte, en investigaciones en las que el rendimiento se evaluaba considerando el tiempo de reacción a un estímulo (lapso entre la aparición del estímulo y la emisión de la respuesta), aquellos con una personalidad ansiosa mostraban unos peores resultados, pero sólo en el caso de que la situación experimental incluyera la posibilidad de recibir un castigo. Así, efectuando tareas en las que debía emitirse una respuesta sencilla ante un estímulo concreto (por ejemplo, pulsar un botón ante números pares y otro ante impares) con el fin de obtener una recompensa (como una pequeña cantidad de dinero), la presencia añadida de estímulos aversivos, o incluso sólo la posibilidad de su aparición, producía una ralentización en el tiempo de reacción de los individuos altos en ansiedad.

Contrariamente, los bajos en ansiedad mantenían aproximadamente la misma velocidad de respuesta que cuando esta posibilidad no existía, es decir, su tiempo de reacción no parecía estar afectado por la diferencia de las condiciones experimentales.

A partir de todo ello, se puede considerar que las personas con una elevada ansiedad mostrarán un estilo comportamental más precavido, significando esto una mayor *inhibición conductual* siempre que exista posibilidad de afrontar estimulación aversiva (la mayor parte de las situaciones de la vida real); mientras que aquellos con una escasa ansiedad presentarán un estilo más arriesgado, menos afectado por la posibilidad de encontrarse con estímulos negativos.

La hipótesis de la hipervigilancia

De lo expuesto hasta ahora, se podría suponer que los individuos altos en ansiedad presentarían una mayor atención hacia las posibles señales de castigo que facilitaría una realización más cuidadosa de las tareas directamente relacionadas con ellas, pero que podría interferir en la respuesta a otros estímulos.

Michael Eysenck realizó diversas investigaciones de laboratorio con el fin de estudiar este posible efecto atencional, llegando a formular la hipótesis de la *hipervigilancia*. Según ésta, las personas con una elevada ansiedad realizarán un mayor escrutinio del entorno con el fin de detectar las posibles señales de castigo presentes; caso de localizar alguna de ellas, se producirá un estrechamiento perceptivo que les llevará a ignorar otros estímulos presentes en el entorno, centrando su atención sobre la señal de castigo.

Una conducta sin relación con el recuerdo

Eysenck llegó a esta conclusión después de diversos trabajos que le permitieron descartar la recuperación de informaciones almacenadas en memoria a largo plazo (recuerdos de larga duración) como el proceso explicativo de las diferencias entre altos y bajos en ansiedad; es decir, que no existían diferencias en cuanto a la facilidad para recordar sucesos negativos o positivos entre unos y otros.

Una interferencia atencional involuntaria

También se había observado mediante experimentos de *escucha dicótica* (estímulos auditivos presentados simultáneamente por uno y otro oído) que la *interferencia atencional* era automática y no intencionada. Incluso cuando se solicitaba a los individuos experimentales que ignoraran los estímulos con connotaciones negativas (palabras amenazadoras) presentados por el oído izquierdo, la presencia de éstos interfería en la respuesta a los estímulos ante los que sí debían responder y que eran presentados simultáneamente por el oído derecho, siendo su influencia mayor en los individuos con una ansiedad más elevada.

Según lo expuesto, las personas ansiosas verían facilitado el rendimiento en aquellas tareas en las que debieran responder a estímulos aversivos, ya que su atención difícilmente se apartaría de ellos. Por contra, cuando los estímulos a los que responder y los indicadores de castigo fueran distintos o aparecieran distanciados, los segundos atraerían más fácilmente la atención, dificultando la respuesta a los primeros.

RECUERDE

Las personas con una alta ansiedad rasgo presentan...

- ❖ una mayor facilidad para asociar estímulos neutros con negativos.
- ❖ una mayor tendencia a evitar lo que presupongan aversivo.
- ❖ un comportamiento más precavido.
- ❖ hipervigilancia hacia los posibles «peligros».

6.3. Casos clínicos

Teniendo en cuenta lo desarrollado hasta el momento, es fácil imaginar qué características presentará alguien con un trastorno de personalidad de tipo ansioso. Únicamente

Conflictos interiores

se deberá extremar la descripción de aquellos con una elevada ansiedad, y generalizar esos comportamientos a las múltiples situaciones en que la persona se verá inmersa. Pensemos en el ejemplo del excursionista ansioso (véase pág. 80) y apliquemos su modo de proceder el día de la excursión a la mayor parte de sus actividades, relacionadas con las diferentes áreas funcionales (familia, trabajo, ocio, etc.). El resultado será una persona con múltiples limitaciones y muy probablemente con un elevado malestar.

Isabel, Rafael y Silvia: tres ansiedades con manifestaciones distintas

Si recordamos los tres casos clínicos de los que hemos hablado hasta ahora (Isabel, Rafael y Silvia), constataremos que la descripción que hacíamos de sus estilos de comportamiento coincide en buena parte (quizás en el caso de Rafael, de manera más sutil) con el tipo de conductas típicamente ansiosas que acabamos de detallar. Los tres compartían una elevada ansiedad rasgo que daba razón de gran parte de las conductas desadaptativas que presentaban.

No obstante, si todos ellos eran ansiosos, ¿a qué obedecían las diferencias en su comportamiento?

Isabel se desenvolvía con normalidad siempre y cuando se sintiera acompañada y apoyada, tuviera a mano el consejo de alguien de confianza y no se viera obligada a desempeñar actividades de responsabilidad. Sus problemas de salud surgieron cuando algunas de estas condiciones faltaron.

Por su parte, Rafael no consideraba que tuviera problema alguno. Según él, era su mujer quien se empeñaba en buscarlos. No parecían existir dificultades mientras se hiciera todo a su manera y no se diera ningún imprevisto.

Por último, Silvia difícilmente podía jamás desenvolverse con normalidad. Sus problemas eran manifiestos siempre que se veía obligada a interactuar con alguna persona que no fuera estrictamente un miembro de su familia.

Tres influencias ambientales diferentes

En los tres casos, existía una misma base psicopatológica, muy probablemente centrada en los procesos perceptivos y atencionales propios de la ansiedad, los cuales están en gran parte determinados biológicamente.

Las diferencias en la manifestación conductual de estos procesos entre Isabel, Rafael y Silvia serían atribuibles a la historia personal (aprendizajes previos, ambiente familiar, educación, etc.) de cada uno de ellos. Así, la disparidad existente entre sus patrones conductuales no estaría reflejando diferencias en cuanto a las bases neuroanatómicas o psicobiológicas de sus trastornos, sino en cuanto a las influencias ambientales recibidas desde los primeros años de vida.

Isabel y el miedo a equivocarse: la fragilidad de la dependencia

En el caso de Isabel, las estrategias conductuales que había desarrollado para hacer frente a su elevada sensibilidad hacia los estímulos negativos pasaban por depender de los demás en todo lo que hiciera. El miedo a equivocarse en la toma de decisiones le hacía delegarlas en otros, adecuándose a lo que éstos dispusieran, al mismo tiempo que rehuía todo tipo de responsabilidades. Probablemente, su facilidad para hacer asociaciones negativas había ocasionado que multitud de situaciones fueran percibidas como amenazadoras y, por tanto, temidas. Que en cierta ocasión sintiera malestar ante una experiencia determinada, o que algún incidente concreto resultara en consecuencias desagradables, implicaría atribuirle una significación negativa y evitarlo en el futuro.

No es arriesgado pensar que esto sucediera en bastantes momentos, más si se tiene en cuenta que la ansiedad rasgo conlleva una mayor atención hacia los posibles estímulos aversivos del entorno, y una mayor sensibilidad para percibir amenaza y peligro. De todo ello derivaría haber desarrollado un *estilo conductual evitador*, adoptando una actitud pasiva que comportaría la necesidad de ser acompañada o ayudada en casi todo lo que acometiera. Cuando por diferentes motivos (su promoción laboral, la muerte de su madre, el cambio de horarios de su marido), las estrategias que le permitían funcionar con aparente (y sólo aparente) normalidad se vieron trastocadas, la importante ansiedad que llegó a generar (en su caso cursando con una intensa tensión muscular) dio lugar al incapacitante cuadro somático (el dolor de cabeza).

Silvia y la molestia de vivir en sociedad

El paralelismo existente entre este caso y el de Silvia es manifiesto. La existencia de un mismo trasfondo psicopatológico que pudiera depender de unas mismas estructuras neuroanatómicas o psicobiológicas es clara. Los procesos descritos en el caso de Isabel son igualmente válidos para entender los problemas comportamentales de Silvia. La diferencia radicaba en que esta última, en lugar de desarrollar unas estrategias conductuales de dependencia, evitaba sistemáticamente cualquier situación temida, siendo especialmente significativas aquellas de contenido social.

Se debe tener en cuenta que sus aprendizajes, su entorno familiar, los estímulos a los que había sido expuesta, etc., no tenían por qué ser parecidos a los de Isabel, y lógicamente esta disparidad ambiental pudo ocasionar matices diferenciales en el desarrollo de su personalidad. Sin embargo, es evidente que los puntos en común son muchos y de importancia.

Rafael y un control desmesurado

A pesar de mostrar una aparente mayor disimilitud, la forma de comportarse de Rafael también puede ser conceptualizada desde la dimensión de ansiedad. En su caso, las estrategias adquiridas para evitar la estimulación negativa pasaban por la necesidad de un exagerado control sobre las situaciones que vivía. Ello provocaba una elevada respuesta de ansiedad, traducida en irritabilidad y malestar percibido siempre que algo no ocurría como él tenía calculado; bien porque también dependía de otra persona (como pudiera ser su mujer) que lógicamente no actuaba exactamente de la misma manera que él lo haría, bien porque surgían imprevistos. Su elevada sensibilidad a las posibles señales de castigo lo había llevado a ser extremadamente perfeccionista y cumplidor en todo lo que hacía, de forma más evidente en el trabajo, muy probablemente como mecanismo para evitar recibir una reprimenda o cualquier otro tipo de reprobación o crítica.

En definitiva, los tres casos son variaciones de un mismo problema de la personalidad: una elevada ansiedad rasgo. Las diferencias conductuales existentes pueden muy bien deberse a la disparidad de los factores ambientales vividos. En consecuencia, el tratamiento de sus trastornos de la personalidad debería seguir unas directrices generales comunes, eso sí, usando técnicas específicas dirigidas a modificar conductas problemáticas y particulares de cada uno.

6.4. Tratamiento

Un desarrollo incipiente

Uno de los problemas principales con los que se encuentra el clínico al abordar el tratamiento de un trastorno de la personalidad es la escasez de información y directrices al respecto. Han sido muy pocos los teóricos que se han atrevido a desarrollar estrategias terapéuticas estandarizadas especialmente dirigidas a este tipo de afectados y los escasos intentos existentes no han demostrado aún suficientemente su eficacia. En este sentido y coincidiendo con el interés que últimamente parece despertar entre los psicólogos y psiquiatras el estudio de la personalidad, cabe esperar mayores esfuerzos para la conveniente conceptualización, evaluación y desarrollo de técnicas terapéuticas.

En el caso concreto de la personalidad ansiosa, se pueden aportar algunas claves que permiten orientar la intervención clínica en este tipo de afectados.

Una base terapéutica común para Isabel, Rafael y Silvia

Es a todas luces evidente que Isabel, Rafael y Silvia no debían recibir un tratamiento psicológico idéntico.

En el caso de la primera, era fundamental aplicar técnicas de relajación muscular; él podía verse claramente beneficiado de trabajar el control de la agresividad; y la última precisaba hacer mayor hincapié en la práctica de habilidades sociales.

Aun así, y atendiendo a que se ha considerado una misma base psicopatológica en los tres casos (su elevada ansiedad rasgo), todos ellos deberían recibir una base terapéutica común dirigida específicamente a los procesos que definen esta característica de personalidad.

La toma de conciencia del error evaluativo

El sesgo en los procesos perceptivos y atencionales respecto a los estímulos aversivos de las personas con una elevada ansiedad rasgo sucede de manera automática. Si la persona no hace consciente este proceso, difícilmente podrá ejercer ningún control sobre él y sobre la conducta que provoque. Por ello, un primer paso indispensable en el tratamiento de este tipo de pacientes es el de informar sobre cómo tienen lugar estos sesgos, facilitando que sean advertidos al presentarse y, por tanto, dando la opción de modificar su posible efecto sobre la conducta. Para ello es también necesario realizar una evaluación racional de los riesgos asociados a la situación afrontada. Está claro que se actuará de una manera o de otra en función de la significación emocional que se otorgue a un estímulo. Muy a menudo, el componente afectivo que uno atribuye a determinadas situaciones o estímulos se basa en presupuestos o pronósticos poco realistas, pero a los que de manera automática se da credibilidad.

Las personas con una elevada ansiedad rasgo suelen caer en el error cognitivo de prever consecuencias negativas de gran parte de las situaciones a las que deben hacer frente. Un análisis más sensato y racional de la realidad les haría entender lo absurdo de sus presupuestos; no obstante, para llegar a este punto es necesario haber detectado previamente los errores cognitivos más comunes y hacer consciente este proceso, con el fin de no caer en el perverso automatismo que les lleva al error evaluativo.

La búsqueda de un estilo conductual activo

Así, por ejemplo, Silvia percibía como amenazadora la interacción con otras personas. Su baja autoestima le hacía presuponer que su conversación sería aburrida y denotaría una baja inteligencia, ofreciendo una pésima imagen de sí misma. Ante semejante perspectiva, no es de extrañar que prefiriera abstenerse de conversar con nadie, evitando al máximo cualquier situación con contenido social.

En este caso, se debería trabajar para que Silvia aprendiera a evaluar objetivamente sus capacidades, buscara la manera de mejorar sus posibles déficit (*estilo conductual activo*, contrapuesto a la inhibición típica de las personas ansiosas) y juzgara en su justa medida la importancia de la imagen que otros se formaran de ella.

La exposición a los estímulos conflictivos

Las personas ansiosas presentan un estilo conductual típicamente evitador; sus estrategias frente a los problemas o las posibles amenazas pasan por encontrar la manera de ahorrarse el supuesto «mal trago». El inconveniente reside en que los resultados a corto plazo de este modo de proceder son positivos, al no aparecer las consecuencias indeseables que se habían vaticinado. Sin embargo, a largo plazo, implican un déficit en el desarrollo de habilidades como la toma de decisiones, la asertividad, la resolución de problemas, etc., que pueden acabar comportando francos problemas adaptativos (pensemos en el resultado que sobre los tres casos presentados había comportado este estilo conductual). Convendrá detectar estas estrategias de evitación para eliminarlas, obligando a los afectados a exponerse a aquellas situaciones en que son deficitarios, ayudándoles a generar las habilidades de las que carecen y propiciando un cambio en su estilo general de afrontamiento. Al mismo tiempo, a medida que la persona vaya exponiéndose a esos estímulos o situaciones, y resolviéndolos correctamente, se conseguirá atenuar la connotación negativa que habían adquirido, hasta eliminarla.

Por ejemplo, Isabel tuvo que afrontar por sí sola, de manera planificada y tras ensayos previos, situaciones que no se sentía capaz de resolver (ir a hablar con la maestra de su hija, a una reunión de vecinos, organizar y preparar una excursión de fin de semana con unos amigos, etc.). Cada nuevo paso era discutido en la consulta facilitando que la afectada detectara y modificara los errores cognitivos al respecto de sus capacidades y de la amenaza subyacente a las diversas situaciones. De todas formas, es importante tener en cuenta que el objetivo terapéutico con este tipo de personas no debe ser el de solucionar problemas específicos, sino el de inculcar un nuevo modo de operar (una metodología) que pueda ser aplicada sistemáticamente, hasta convertirse en un hábito de funcionamiento.

Las intervenciones farmacológicas

Finalmente, en aquellos casos en que se presenta un trastorno de ansiedad del eje I (de estado) añadido al problema de la personalidad, será necesario realizar un control sintomático de la respuesta ansiosa. Ello puede lograrse, dependiendo del caso y del objetivo terapéutico, bien mediante técnicas como la *relajación*, bien a través de intervenciones farmacológicas con *benzodiacepinas* o con *betabloqueantes*, que reduzcan los síntomas fisiológicos de la ansiedad. De todos modos, a pesar de ser intervenciones efectivas para contrarrestar la ansiedad estado, han mostrado un escaso efecto terapéutico sobre los trastornos de la personalidad de tipo ansioso.

Más prometedores están siendo los resultados obtenidos en ensayos clínicos usando *fármacos serotoninérgicos y noradrenérgicos*, si bien los estudios de que se dispone en la actualidad aún no bastan para llegar a conclusiones definitivas. En cualquier caso, parece que los fármacos o las técnicas específicamente dirigidas a eliminar la sintomatología ansiosa no tienen una acción terapéutica sobre los trastornos de la personalidad del tipo aquí descrito.

7. El desorden conductual: los impulsivos

En el capítulo anterior ha sido definido un conjunto de rasgos llamados *dimensión de ansiedad*, que subyacían a los trastornos de la personalidad de tipo ansioso.

Otros teóricos han establecido conjuntos de rasgos semejantes a los que han bautizado con distinto nombre (por ejemplo, Robert Cloninger, uno de los autores actualmente con más prestigio, define una dimensión equivalente a la que llama *evitación del daño*).

Cuando se ha estudiado la relación entre las diversas escalas desarrolladas para la medida de estas dimensiones, se ha observado una fuerte relación entre ellas, hasta el extremo que pueden ser consideradas medidas de un mismo constructo. Así, se podría concluir que existen diversas escalas psicométricas que sirven para medir esta dimensión subyacente a los trastornos de la personalidad de tipo ansioso; sus diferencias obedecerían al hecho de hacer mayor hincapié en uno u otro matiz del constructo.

7.1. Disparidad de factores causantes

Esta elevada coincidencia en la dimensión ansiedad no es aplicable al caso de las *conductas de tipo antinormativo e impulsivo*. Aquí, dimensiones de personalidad claramente distintas pueden dar cuenta de este comportamientos.

Por una parte, están quienes (como Jeffrey Gray) han hipotetizado que sería una baja ansiedad rasgo la que podría estar mediatizando el funcionamiento de estos individuos. Otros (como Joseph Newman) sostienen que la explicación debe buscarse en una elevada sensibilidad a la recompensa. Finalmente, los hay (como Marvin Zuckerman, que consideran la necesidad de estimulación variada, potente e inmediata (característica que ha mostrado poseer una importante base genética) como el factor fundamental en la explicación de las conductas impulsivas y antinormativas.

Una baja ansiedad rasgo

Aquellas personas caracterizadas por presentar una escasa ansiedad mostrarían comportamientos más arriesgados que la mayoría, puesto que sería más fácil que les pasaran inadvertidos los indicios de las posibles consecuencias negativas resultantes de sus conductas (véase pág. 79). Su comportamiento estará menos afectado por la posible ocurrencia de castigos. Las posibles señales de peligro o de castigo existentes en el entorno atraerán en menor medida su atención. También será más costoso que lleguen a hacer asociaciones negativas y que éstas se mantengan, con lo cual existirá un menor número de estímulos percibidos como indicios de castigo a su alrededor.

Por ejemplo, una persona con una baja ansiedad rasgo y con prisa por llegar a una cita puede conducir con exceso de velocidad y llegar a saltarse un semáforo en rojo por cuanto no percibirá con la misma intensidad que la mayoría de nosotros la amenaza que supone el riesgo de colisión. Al mismo tiempo, será más fácil que no llegue ni a darse cuenta de la presencia de un automóvil de policía parado en la esquina. La posible multa de tráfico tendrá poco efecto sobre su comportamiento, ya que la asociación negativa que ésta supone será de rápida caducidad; pasado poco tiempo, tener prisa conllevará una elevada probabilidad de que vuelva a darse la misma infracción.

Una elevada sensibilidad a la recompensa

Ésta hace referencia a la motivación por los estímulos apetitivos. De manera análoga a las implicaciones conductuales y cognitivas de la dimensión de ansiedad, pero en este caso referida a los estímulos positivos, una persona que presente elevada esta característica realizará conductas básicamente dirigidas a la obtención de refuerzo positivo (premios).

Su estilo comportamental estará centrado en la emisión de respuestas de aproximación, es decir, tenderá a realizar múltiples conductas con el fin de lograr beneficios (reconocimiento social, dinero, placer sexual, etc.). Llamarán especialmente su atención las señales de recompensa existentes en el entorno, impidiendo una adecuada percepción de los posibles indicios de castigo también presentes.

La fragilidad y el peligro de una mayor capacidad para las asociaciones positivas

De igual manera que las personas con una elevada ansiedad presentaban una mayor facilidad para realizar asociaciones con estímulos de signo negativo, los individuos con una alta sensibilidad a la recompensa mostrarán una mayor capacidad para las asociaciones positivas, es decir, para convertir estímulos neutros en apetitivos. A pesar de todo ello, esta característica de personalidad no implicará una elevada adhesión a múltiples actividades por el refuerzo positivo que éstas supongan. Será fácil que los estímulos inicialmente apetitivos dejen de suponer una recompensa suficiente para mantener el interés.

A medida que el beneficio consecuente a determinada actividad vaya repitiéndose hasta convertirse en habitual, su poder reforzante perderá intensidad (la persona se acostumbrará a él). Sólo si éste va aumentando gradualmente o si ya era lo bastante potente desde un principio, conseguirá mantener la motivación suficiente en estas personas como para que perseveren en su comportamiento.

En el ejemplo de la infracción de tráfico, una persona con esta característica de personalidad podría exceder el límite de velocidad y saltarse el semáforo en rojo si con ello presumiera la obtención de algún beneficio. El hecho de que una multa previniera la repetición de este tipo de comportamiento estaría supeditado a la intensidad del posible refuerzo obtenido. Si cruzar la ciudad en quince minutos supone la consecución, por ejemplo, de prestigio en su entorno social, su mayor sensibilidad a la recompensa haría que en una segunda ocasión primara la posibilidad de obtener ese prestigio (*refuerzo positivo*) a la de ser multado (castigo), con lo cual existiría una elevada probabilidad de que la infracción se repitiera.

Curiosamente, existe un estudio realizado en la Universidad Autónoma de Barcelona en el que los individuos con esta característica de personalidad reconocían cometer más infracciones de tráfico que el resto de encuestados.

La necesidad de estimulación intensa e inmediata

Por último, existen individuos necesitados de estimulación, con una tendencia innata a aburrirse con todo aquello que resulte monótono o repetitivo, y en consecuencia precisados de un elevado grado de dinamismo y de actividad a su alrededor. Estas personas gustan de todo aquello que suponga una estimulación intensa, y muestran incapacidad por demorar la presentación de estos estímulos, es decir, que serán incapaces de esperar para conseguirlos. Ello conllevará déficit en la evaluación del posible riesgo a largo plazo de sus conductas, siempre primando la estimulación inmediata.

Una persona con estas características se habría saltado el semáforo en rojo por la simple sensación placentera (emoción) que pudiera llegar a producirle el hacerlo.

La inconsciencia del trastorno

Los trastornos de la personalidad caracterizados por una elevada impulsividad, por la presencia masiva de conductas arriesgadas y comportamientos antinormativos (consumo irresponsable de alcohol, de drogas, conducción temeraria o peleas frecuentes, entre otros) a menudo no van acompañados de un significativo malestar personal. Es habitual que no exista conciencia de problema por parte de quienes los sufren, aunque sí conllevarán importantes problemas en el entorno cercano del afectado (familiares, conocidos, pareja, etc.). Por ello, es muy frecuente que no acudan por su propia voluntad a un servicio de psiquiatría o psicología clínica, sino que sean forzados a ir por alguna persona cercana y con cierta autoridad sobre ellos.

En resumen:

❶ **Los individuos de la primera tipología, con una baja ansiedad rasgo:** mostrarán una aparente frialdad. Sorprenderá la tranquilidad con la que realizarán conductas, a juicio de la mayoría, temerarias. Presentarán cierta insensibilidad al castigo, siendo más difícil que aprendan de las experiencias negativas y, en consecuencia, será común que cometan repetidas veces las mismas conductas aun cuando vayan seguidas de consecuencias desagradables.

❷ **Los de la segunda, con una elevada sensibilidad a la recompensa:** estarán caracterizados por su necesidad de refuerzo, actuarán principalmente movidos por la posibilidad de obtener recompensas. Se mostrarán básicamente centrados en satisfacer las propias necesidades. Tan fáciles de motivar por situaciones nuevas, como de desmotivar cuando éstas no conlleven el beneficio esperado. Tenderán a mantener durante más tiempo las conductas que hayan podido resultar recompensadas, incluso a riesgo de que desemboquen también en consecuencias desagradables, pareciendo incapaces de hacer esa previsión.

❸ **Los de la tercera, con una necesidad de estimulación intensa e inmediata:** presentarán un elevado dinamismo, con dificultad para permanecer inactivos largo tiempo o concentrarse en tareas monótonas. Se sentirán atraídos por actividades que conlleven cierto peligro y parecerán experimentar placer por el riesgo. Mostrarán incapacidad para prever las posibles consecuencias desagradables a largo plazo de sus conductas, realizándolas irremisiblemente si éstas implican estimulación apetitiva a corto plazo.

El deseo conjunto de recompensa y estimulación

Estas dimensiones de personalidad gozan de entidad propia y diferenciada unas de otras y han demostrado poseer, cada una por separado, una buena capacidad para predecir la ocurrencia de conductas impulsivas y antinormativas.

A pesar de ello, se ha evidenciado la existencia de relación entre la dimensión de sensibilidad a la recompensa y la de necesidad de estimulación e inmediatez, que podrían llegar a ser consideradas conjuntamente; no así la de ansiedad, que se mantiene independiente de las otras dos. De todas formas, a nivel descriptivo y clínico puede tener su importancia valorar esas dos características de personalidad por separado. Con todo, al estar relacionadas de manera directa, será relativamente probable encontrar individuos que presenten ambas dimensiones elevadas, aumentando su predisposición o vulnerabilidad (llámese como quiera) a cometer conductas de tipo impulsivo y antinormativo. Ni que decir tiene que, en aquellos casos en los que además de elevadas estas dimensiones aparezca una baja ansiedad, la ocurrencia de ese tipo de conductas estará casi garantizada.

7.2. Algunas evidencias experimentales

En personas con una baja ansiedad rasgo

Al exponer algunos de los trabajos llevados a cabo en la descripción de los procesos subyacentes a la inhibición conductual de los altos en ansiedad (véase pág. 79), ya se hizo referencia a la menor facilidad de los poco ansiosos para realizar asociaciones de tipo aversivo, en las que estímulos en principio neutros adquirían connotaciones negativas por asociación con estímulos *a priori* desagradables. A su menor rendimiento (mayor número de errores) en tareas en las que debían aprender a identificar señales de castigo y dejar de responder ante ellas a cambio de no recibir una pequeña descarga eléctrica. O a su estilo conductual más arriesgado, en pruebas de laboratorio en las que se medía la interferencia que sobre la latencia de respuesta (tiempo transcurrido desde la presentación de un estímulo hasta que se emite la respuesta exigida) tenía el hecho de que existiera la posibilidad de recibir un castigo.

Estos modelos de laboratorio servirían para explicar por qué los individuos con una baja ansiedad reconocen como aversivos un menor número de estímulos en su entorno, su menor capacidad para percibir y responder a señales de castigo, y su arriesgado estilo conductual que puede comportar problemas de *impulsividad* (responder a pesar de la presencia de indicadores de consecuencias desagradables).

La recompensa ante todo

Las pruebas de laboratorio en las que consistentemente las personas con una escasa ansiedad rasgo cometían un mayor número de *errores de evitación pasiva* (emitir repuesta cuando debería no haberse hecho para no recibir un estímulo aversivo) eran aquellas en las que básicamente sólo existía la posibilidad de aparición de consecuencias negativas. Por contra, cuando la tarea a realizar implicaba la presencia tanto de castigo como de premio, eran los individuos con una elevada sensibilidad a la recompensa los que cometían un mayor número de errores.

Por ejemplo, en uno de estos experimentos, los individuos podían emitir respuesta ante los estímulos que iban apareciendo en una pantalla de computadora. En algunos casos, esto resultaba en un refuerzo positivo (ganar una cantidad de dinero) y en otros, en un castigo (perder la misma cantidad). Quienes participaron en el estudio debían aprender a discriminar ante qué estímulos responder para acumular ganancias y ante cuáles dejar de hacerlo para no perderlas. En este caso, los que contaban con una alta sensibilidad a la recompensa eran quienes cometían un mayor número de errores (responder cuando no tocaba), perdiendo más dinero. En estas circunstancias en que tanto pueden aparecer premios como castigos, las personas con una elevada sensibilidad a la recompensa generarán una mayor tendencia a responder mantenida por la ocurrencia ocasional de consecuencias positivas. Al mismo tiempo, ello implicará una menor capacidad para detener su conducta y para valorar convenientemente las consecuencias reales de seguir respondiendo, dificultándose el aprendizaje de evitación. En este ejemplo y de manera llana, estarían tan centrados en la posibilidad de ganar dinero y se sentirían tan recompensados cada vez que esto ocurriera que tenderían a responder sistemáticamente ante todos los estímulos, siéndoles más difícil aprender ante cuáles no hacerlo con el fin de no acabar perdiendo una buena suma.

Fuera del laboratorio, esta hipótesis fue probada en una situación real que reproducía de forma bastante fidedigna las condiciones de la tarea experimental antes mencionada.

Tras clasificar a un grupo de alumnos universitarios en función de su sensibilidad a la recompensa, se aprovechó la inevitable ocurrencia de los exámenes para estudiar las posibles diferencias en sus estilos de respuesta. Los exámenes que se tuvieron en cuenta eran de tipo elección múltiple (se escoge la respuesta correcta a cada pregunta de entre varias opciones posibles). Para controlar el efecto del acierto al azar, del total de respuestas correctas se resta una parte de las equivocadas; por ello, conviene dejar en blanco aquellas preguntas cuya contestación se desconoce.

A igualdad de conocimientos, los estudiantes con una mayor sensibilidad a la recompensa habían cometido un mayor número de errores, obteniendo un mayor descuento de la nota final. Probablemente, el incentivo de poder conseguir una mayor puntuación generaba la tendencia a responder a más preguntas aún y el riesgo de hacerlo incorrectamente.

Trabajos similares a los desarrollados en el estudio de la dimensión de ansiedad han sido también realizados con individuos clasificados en función de su sensibilidad a la recompensa. De ellos se desprende la mayor facilidad de los que poseen elevada esta característica de personalidad para efectuar asociaciones apetitivas, es decir, para convertir en positivos estímulos inicialmente neutros, por el simple apareamiento con otros que ya poseían esa significación. Esto explicaría la mayor tendencia de estas personas a percibir indicadores de posible recompensa en su entorno, con la consecuente mayor realización de conductas de aproximación dirigidas a obtener beneficios (estilo comportamental activo).

Por la estimulación: mayores conductas de riesgo

Los estudios que se han llevado a cabo con la dimensión de necesidad de estimulación e inmediatez han sido mayoritariamente de tipo descriptivo. De todas formas, también ha sido realizado algún experimento con tareas de laboratorio similares a las ya descritas, obteniéndose unos resultados para los que presentan elevada esta dimensión de personalidad muy parecidos a los de los altos sensibles a la recompensa (cabe recordar que se trata de características directamente relacionadas).

Lo más relevante en este caso es que, si bien existen evidencias de una menor ansiedad y una mayor sensibilidad a la recompensa en muestras de personas con antecedentes penales, consumidoras de drogas, alcohólicas y de otras poblaciones con problemas conductuales, la necesidad de estimulación e inmediatez ha sido la característica que ha mostrado unos resultados más claros y consistentes.

Así, esta dimensión de personalidad está relacionada con una mayor realización y versatilidad de conductas delictivas, un mayor consumo de sustancias tóxicas (drogas, alcohol y tabaco), un inicio más temprano en este tipo de hábitos, una mayor presencia de conductas de riesgo para la transmisión de enfermedades sexuales (por ejemplo, mayor número de contactos sexuales esporádicos sin uso de preservativo), etc.

> **RECUERDE**
>
> **Pueden presdisponer a actos antinormativos y a la impulsividad...**
>
> ❖ los déficit en la percepción del riesgo y de los posibles resultados negativos.
> ❖ una excesiva focalización sobre la recompensa.
> ❖ una elevada necesidad de estimulación intensa.

7.3. Casos clínicos

Ana o la sensación de no tener límites

Ana tenía 23 años la primera vez que sus padres la llevaron a la consulta del especialista para que éste tratara su adicción a la cocaína.

La deshabituación a esta sustancia siguió un buen ritmo, pero ya desde el primer día tanto sus padres como ella misma mostraban desconfianza en que se mantuviera abstinente por mucho tiempo. Según explicaban, Ana se caracterizaba por ser una persona altamente inconstante e irreflexiva. Empezó a estudiar ciencias empresariales, pero las dejó antes de acabar el primer semestre. Poco más le duró su interés por la publicidad y exactamente lo mismo sucedió cuando orientó su formación hacia técnico de imagen y sonido. Enseguida se cansaba de todo, incluso de sus supuestas aficiones, que iniciaba con una desbordada pasión y terminaban aburriéndola enormemente. Su madre lo explicaba con un ejemplo muy representativo: «Hace unos años, por Navidad, le regalamos una videoconsola. Durante unos días, no hacía otra cosa que jugar con ella, su mundo parecía empezar y acabar en ese aparato. Incluso teníamos que pelearnos con ella para que dedicara tiempo a otras actividades. Pasadas unas semanas, pareció haberse hartado, haber quedado saturada de videojuegos. Desde entonces, no ha vuelto a usarla».

El estilo de vida de Ana no se caracterizaba precisamente por el sacrificio: sus abnegados padres le proporcionaban todo aquello que consideraban de necesidad, aunque en realidad no le faltaba ningún lujo ni capricho; y todo ello bajo la ley del mínimo esfuerzo. Ella no se dedicaba a nada que no fuera satisfacer sus siempre efímeros intereses.

Su experiencia laboral se reducía a un verano en que había trabajado en el restaurante de un amigo de su padre, quien pretendía que así viera la necesidad de aprovechar sus estudios y sentara finalmente la cabeza. El intento fue fallido. Sus retrasos constantes, sus ausencias injustificadas, la desgana con la que trabajaba, su escasa amabilidad con los clientes y el mal genio que gastaba con sus superiores provocaron que desde el restaurante aconsejaran a su padre que le buscara otro destino profesional.

La afectada era altamente cambiante también respecto a sus amistades, no tenía un círculo fijo de conocidos sino que salía con gente muy diversa en función de la ocasión o de lo que le propusieran hacer. Fue así como empezó a relacionarse con un grupo de personas entre las cuales el consumo de cocaína era habitual. Ana se enganchó rápidamente; su fácil acceso a esa droga (tanto por sus contactos como por su posición económica) y disponer siempre de ella le otorgaba un buen *status* dentro del grupo, y esnifarla le producía, según sus propias palabras, «la agradable sensación de que no tenía límites». Lógicamente, los efectos asociados a ese consumo (económicos, sociales y físicos) y el riesgo que entrañaba para su salud eran los mismos que para cualquier adicto a esa sustancia.

A pesar de que pueda parecer lo contrario, Ana no se sentía especialmente satisfecha con su forma de vida. Había ocasiones en que se sentía tremendamente desgraciada e incluso había llegado a pensar en el suicidio. Algunos de los comportamientos que llevaba a cabo le solían producir inseguridad o hasta miedo, pero siempre que existiera también la posibilidad de conseguir algo positivo con ellos (por ejemplo, «quedar bien con mis colegas»), se lanzaba irresponsablemente a emprenderlos. En estos casos, y siempre *a posteriori*, tenía graves remordimientos, pensando durante horas en lo que había hecho.

Antonio o una conducta antisocial

Éste era un caso parecido al anterior, si bien existían algunas diferencias básicas y reseñables entre ellos. A él también lo traían sus padres, no por adicción a ninguna sustancia (aunque sin que su familia lo supiera, había consumido y consumía gran variedad de drogas, curiosamente sin haber generado adicción a ninguna de ellas) sino por su mal comportamiento en casa y fuera de ella.

Antonio no reconocía tener ningún problema y cuando era él quien explicaba su situación podía dar la impresión de que las quejas de sus padres eran exageradas. Sin embargo, lo cierto era que la versión de éstos parecía, por coherencia y por los antecedentes de su hijo, mucho más ajustada a la realidad.

El desorden conductual: los impulsivos

Había sido expulsado de la escuela a los 15 años por su reiterado mal comportamiento y por golpear a un profesor. Después de esto fue a un instituto donde se sentía más cómodo pues la disciplina exigida era menor. Aun así no acabó el bachillerato, tras repetir algunos cursos; sin previo aviso y sin que sus padres conocieran sus intenciones, dejó de estudiar («no me gustaba; estar todo el día encerrado en el colegio me agobiaba; no sirvo para estudiar y al final no iba ni a la tercera parte de las clases»).

Empezó a trabajar en una tienda de ropa deportiva, pero acabaron despidiéndole por no llegar jamás a su hora (los sábados por la mañana, con el agravante de evidenciar fuertes resacas) y tras descubrir que en alguna ocasión se había apropiado de alguna pequeña parte de los beneficios de la caja («me pagaban muy poco y a veces necesitaba más dinero para cubrir mis gastos; no sería legal, pero creo que era justo»). Después de esto, empezó a trabajar de peón en una obra, donde le iba un poco mejor: «Me gusta más: estoy al aire libre; me muevo arriba y abajo; voy a mi ritmo sin nadie que me presione mientras acabe mi trabajo; y me gusta estar colgado de los andamios, estar a una buena altura me produce un agradable cosquilleo en el estómago».

Actualmente tenía 21 años y, sin tener en cuenta el asunto de la tienda de deportes por el que no le denunciaron, había sido detenido en dos ocasiones. Una, por circular imprudentemente con la motocicleta de un amigo, con el agravante de que lo hacía sin poseer el permiso de conducir y después de haber tomado unas cuantas copas. Otra, al ser sorprendido tras reventar el congelador de una parada de venta ambulante para robar unos helados («fue una chiquillada, era de madrugada, las tiendas estaban cerradas y nos apeteció un helado. Nos pillaron porque nos los estábamos comiendo a un par de calles de donde los habíamos robado en el paseo marítimo»).

Un predominio distinto de motivaciones

Ambos afectados compartían una elevada sensibilidad a la recompensa y necesidad de estimulación e inmediatez, si bien en el caso de Ana predominaba la primera y en el de Antonio, la segunda.

Ella procedía de una familia de nivel socioeconómico medio-alto, en la que se había mantenido cierto control sobre sus actividades y compañías; él se había criado en un barrio humilde y sus padres no habían dispuesto de mucho tiempo para dedicar a su hijo fuera del trabajo, desconociendo gran parte de las actividades que éste realizaba (excepto cuando desde la escuela o la comisaría se ponían en contacto con ellos).

Lógicamente, la historia personal de ambos era distinta, y los aprendizajes que habían podido realizar desde pequeños no tenían por qué ser coincidentes. Todo ello explicaba la mayor presencia de comportamientos claramente antisociales en Antonio que en Ana.

Una cuestión de freno en sus comportamientos

También es importante tener en cuenta que, sumada a su elevada sensibilidad a la recompensa, Ana también presentaba una alta ansiedad rasgo (como dimensiones independientes, toda combinación es posible). Esta segunda característica de personalidad explicaba la angustia que sentía por algunos de los actos que llevaba a cabo, y su mayor facilidad para detener su comportamiento cuando no presumía la posible aparición de beneficios, o cuando percibía que las posibles consecuencias negativas predominaban sobre las positivas. De todas formas, dado que su sensibilidad a la recompensa era mayor que su ansiedad rasgo, era necesario que el balance entre resultados aversivos y apetitivos estuviera claramente descompensado a favor de los primeros, para que ella así lo percibiera y fuera capaz de inhibir su tendencia a actuar. Aun así, quedaba claro que en determinadas situaciones su elevada ansiedad resultaba protectora en cuanto a la realización de algunas conductas antinormativas.

En el caso de Antonio, al no coexistir una elevada ansiedad rasgo (más bien era poco ansioso) el riesgo de cometer conductas antinormativas era mucho mayor, puesto que en esas circunstancias concretas no poseía el «freno» sobre su comportamiento que sí presentaba Ana.

La actuación de Ana en pro del beneficio

Ana cumplía gran parte de las características de los individuos con una elevada sensibilidad a la recompensa. Gran parte de sus problemas de conducta habían surgido favorecidos por esta característica de personalidad, incluida la adicción a la cocaína, en la que se introdujo por el doble beneficio conseguido: *status* dentro de su entorno social y sensaciones físicas agradables. En este caso, ambos reforzadores ganaban la partida a la posible evitación del consumo que podía derivarse de la previsión de problemas de salud o del miedo a generar la adicción. Su tendencia a actuar en pro del beneficio se impuso a su predisposición a evitar los posibles daños. Igualmente, esta característica explicaría su gran facilidad por engancharse a todas aquellas actividades que resultaran recompensadas, como por ejemplo le sucedió con los videojuegos, y la fácil desmotivación que por ellas sentía cuando el beneficio conseguido no mantenía una intensidad suficiente (el mismo proceso era el que se daba cada vez que intentaba estudiar).

La muy personal moral de Antonio

En su caso, era manifiesta la necesidad de estimulación intensa y la baja capacidad para prever las posibles consecuencias de sus comportamientos.

La mayoría de nosotros no hubiera llegado a plantearse llevar una motocicleta sin poseer permiso de conducción y menos aún si hubiera tomado unas cuantas copas. No obstante, llegado el caso de hacerlo, procuraríamos respetar al máximo las normas de circulación para pasar lo más desapercibidos posible a los ojos de la policía.

En cambio, Antonio, consciente de estar incumpliendo la ley, fue incapaz de hacer esa reflexión y se puso a circular a toda velocidad por una céntrica calle de su ciudad. Probablemente, su ansia por sentir la velocidad no le permitió valorar adecuadamente el riesgo que corría. Exactamente lo mismo que el día que decidió sentarse a comer unos helados a escasos metros de donde los había robado. Mostraba una clara incapacidad para demorar la presentación de estímulos apetitivos, para esperar cuando deseaba algo como, por ejemplo, no ser capaz de esperar al sábado y salir los viernes hasta altas horas de la madrugada aun sabiendo que al día siguiente llegaría tarde y en mal estado al trabajo. Su baja autoatribución de responsabilidades y su «curiosa» moral lo convertían en un individuo claramente problemático a nivel social. Presentaba unas características de personalidad denominadas *psicopáticas* que dificultaban enormemente su tratamiento y resultaban de mal pronóstico.

7.4. Tratamiento

La escasa existencia de estudios controlados respecto al tratamiento de los trastornos de la personalidad en general hace difícil abordar su discusión. Gran parte de lo que aquí será expuesto surge de la experiencia en el tratamiento de este tipo de afectados, y no pretende ser más que una exposición lo más sistematizada posible de los recursos utilizados y que han parecido mostrar eficacia en buen número de casos.

La concienciación del problema

Uno de los aspectos fundamentales en el tratamiento de esta tipología de afectados es conseguir que entiendan que tienen un problema, que deben modificar algunos de sus hábitos y modos conductuales y que, por tanto, acepten y cumplan las indicaciones terapéuticas.

De los dos casos comentados, era Ana quien satisfacía en mayor medida estas condiciones, así que su pronóstico era mejor que el de Antonio, el cual no llegaba ni a considerar que tuviera un problema.

Las estrategias conductuales para Ana

En el caso de Ana, en primer lugar, debía abordarse el tratamiento de su adicción a la cocaína, y una vez ésta estuviera controlada, trabajar los aspectos relacionados con su forma de ser.

Se siguieron una serie de estrategias conductuales con el fin de cambiar, en la medida de lo posible, su estilo comportamental y así facilitar la ocurrencia de los aprendizajes que permitieran mejorar el control de su impulsividad y disminuir la vulnerabilidad a la antinormatividad.

Aprender a controlar las actividades gratificantes

Una de las primeras normas que deben aplicarse en aquellas personas con una elevada sensibilidad a la recompensa es dejar de supeditar su actividad a la presencia de refuerzo positivo. En el caso de Ana, habitualmente había sucedido que ella se abandonaba a aquello que le resultaba gratificante, olvidando cualquier otra ocupación.

En la consulta se establecieron, conjuntamente con ella, unos horarios de dedicación a las diversas actividades que se consideraba que debía realizar durante el día. Ana debía participar activamente en la confección de esta «agenda», puesto que se trataba de que practicase y aprendiera a realizar algo que hasta ese momento había ignorado. Lógicamente, en esta organización del tiempo debían incluirse tanto actividades atractivas para Ana, como otras menos gratificantes pero consideradas de cumplimiento obligado. La afectada debía seguir estrictamente esos horarios, realizando en cada momento lo que tocara en función de lo acordado a principio de semana. Incumplirlo implicaba una sustancial reducción de las horas de dedicación a actividades reforzantes para la semana siguiente. Con el fin de controlar cuándo sucedía esto, se precisaba la colaboración de algún familiar que pudiera supervisarlo. En personas con problemas de este tipo, estas estrategias, además de propiciar el aprendizaje de demorar y dosificar las actividades reforzantes, consiguen establecer un mínimo orden en su acostumbrado caótico funcionamiento.

Potenciar la integración de normas de comportamiento

Con este fin, y asumiendo el beneficio que comporta su seguimiento, también se establecieron unas mínimas reglas conductuales exigibles en casa. Éstas, como en el caso anterior, fueron igualmente consensuadas con la afectada, si bien aquí sus padres también participaron en la elaboración.

Si durante un período determinado (en este caso, una semana) Ana acataba las normas que ella misma había ayudado a confeccionar, obtendría ciertos privilegios a cambio (aumentos en la asignación semanal, se retardaba la hora de llegada a casa los sábados por la noche, etc.). Incumplir alguna de ellas implicaba la inmediata retirada de los privilegios conseguidos, e incluso podría resultar en retrocesos respecto a su *status* original (perder toda la asignación, dejar de salir el fin de semana, etc.). Para recuperar lo perdido, Ana debía volver a cumplir las reglas durante el tiempo necesario. En definitiva, Ana obtendría recompensa por cumplir las normas y la perdería al incumplirlas. Justamente lo contrario que hasta el momento había estado realizando.

Existía una última cláusula de aplicación en caso de que la situación fuera extrema: si incumplía de manera reiterada las normas generando un significativo malestar en la familia, dada su mayoría de edad, la echarían de casa. Por suerte, en su caso, esta condición no tuvo que ser aplicada.

Aplazar la caducidad del apasionamiento inicial

Después de un tiempo de tratamiento, y cuando su situación había mejorado considerablemente, Ana decidió volver

Conflictos interiores

a estudiar. En esta ocasión, pareció sentirse altamente motivada por formarse como técnico medioambiental. A pesar de ello, sus experiencias anteriores con los estudios advertían que este inicial apasionamiento tendría una rápida caducidad. Con el fin de intentar mantener el interés por sus estudios y así evitar que nuevamente los abandonara al poco tiempo, se debía conseguir que éstos estuvieran siempre asociados a estimulación apetitiva. Se acordó vincular a su rendimiento académico y al cumplimiento de los horarios de clase toda una serie de actividades que en principio llamaban su atención (cuanto más relacionadas con la naturaleza, mejor, más clara sería la asociación).

Así, la asistencia a clase y la realización de sus tareas durante las primeras semanas resultarían en un «bautismo de mar» (primer contacto con el submarinismo), deporte que decía apetecerle mucho practicar. Al final del primer semestre, alcanzar el rendimiento preestablecido en los exámenes significaría la realización del curso de submarinismo. No conseguirlo aplazaría el curso al semestre siguiente. En cualquier caso, las actividades relacionadas con el submarinismo estaban estrictamente ligadas a los estudios de técnico medioambiental, así que si dejaba los estudios, abandonaba el submarinismo. Caso de que su afición por este deporte acuático mermara o desapareciera (es necesario recordar que sus aficiones también podían cambiar radicalmente de la noche a la mañana), sus nuevos intereses serían los que pasarían a estar vinculados a los estudios. En una palabra, sus aficiones podían cambiar tanto como quisiera, pero aquellas actividades que se consideraran nucleares deberían mantenerse, y su adecuada realización implicaría que las ociosas tuvieran o no lugar.

El desorden conductual: los impulsivos

La socialización de Antonio integrando normas comportamentales

Buena parte de las estrategias usadas en el caso de Ana eran también de aplicación en el de Antonio. Sin embargo, era más difícil que éste las aceptara y acatara, porque ni siquiera consideraba que necesitara ayuda. Un aspecto básico a tener en cuenta en este afectado era su elevada necesidad de estimulación.

Con personas que presentan esta característica de personalidad, no puede pretenderse conseguir un estilo comportamental sosegado y carente de actividades de alto contenido estimular. El objetivo debe pasar por canalizar esa necesidad de estimulación hacia actividades socialmente adecuadas, como puede ser la práctica de los llamados *deportes de riesgo*, al mismo tiempo que deben eliminarse las que entrañan peligro o desadaptación social. En una palabra, socializar a la persona favoreciendo la integración de normas comportamentales.

En estos casos es manifiesto un déficit en la previsión de las posibles contingencias negativas de sus actos. En el caso de Antonio y en la consulta, se planteaban situaciones hipotéticas en las que debía decidir entre diferentes opciones de respuesta. Cada una de ellas era discutida y analizada a fondo con el fin de facilitar la adquisición de esa habilidad. Cuando era posible, se practicaba el mismo ejercicio con situaciones vividas por el propio afectado, analizando las consecuencias positivas y/o negativas de respuestas alternativas a las que él había dado en realidad.

La intervención farmacológica en la impulsividad

Han sido varias las sustancias estudiadas en personas con trastornos de la personalidad caracterizados por la presencia de conductas impulsivas. A pesar de ello, muchas de estas investigaciones adolecen de problemas en el tipo de muestras usadas, por lo que no es infrecuente encontrar trabajos en los que se analizan los efectos de estas sustancias sobre el comportamiento de delincuentes en prisión. No cabe duda de que ésta puede resultar una población altamente heterogénea si no se controlan adecuadamente muchos de los factores que pueden explicar una posible condena; y en buena parte de trabajos falta precisar este control.

Aun así, atendiendo a los resultados obtenidos en diversos estudios, podemos concluir que, pese a no existir una clara evidencia empírica, puede ser de ayuda en el tratamiento de este tipo de afectados el uso de algunas sustancias.

De entre ellas, el *litio* (habitualmente usado como estabilizador del ánimo) y la *carbamazepina* (un anticonvulsivo) parecen ser capaces de facilitar el control de los impulsos en este tipo de poblaciones. Lo mismo se podría decir de la *fluoxetina* (un antidepresivo del grupo de los inhibidores selectivos de la recaptación de la serotonina [ISRS]), si bien en este caso el apoyo experimental es aún menor.

En sentido opuesto, también conviene tener en cuenta que aquellos fármacos que aumentan la actividad noradrenérgica pueden resultar contraproducentes, existiendo casos en los que ha aparecido un incremento de las conductas impulsivas y agresivas. De ahí que mientras algunos ISRS tienen el efecto de control deseado sobre estos individuos, otros antidepresivos que también actúan sobre la transmisión noradrenérgica no. Algunos *ansiolíticos* (fármacos antiansiedad), como el *alprazolam*, también han mos-

El desorden conductual: los impulsivos

trado en algunos casos efectos indeseados.

FÁRMACOS USADOS EN PACIENTES CON PROBLEMAS DE IMPULSIVIDAD

Sustancias farmacológicas	Efecto
Litio	Ha mostrado efectos positivos sobre el control de los impulsos
Carbamazepina	Ha mostrado efectos positivos sobre el control de los impulsos
Fluoxetina	Escasos estudios controlados, parece tener efectos positivos
Antiadrenérgicos	Escasos estudios controlados, parecen tener efectos positivos
Neurolépticos a dosis bajas	Han mostrado efectos positivos, pero pueden aparecer otros efectos secundarios
IMAOS	Resultados discretos, son fármacos que entrañan cierto riesgo en estos pacientes por sus múltiples interacciones
Noradrenérgicos	Efectos indeseados, aumento del descontrol conductual
Alprazolam	Resultados contradictorios, pero parecen poco indicados para esta tipología de pacientes

8. La peculiaridad como alteración: los esquizoformes

8.1. Un trastorno que no pasa desapercibido

Al definir lo que era un trastorno de la personalidad (véase pág. 62), se apuntaba que la mayoría de quienes los presentaban no mostraba un comportamiento tan excéntrico o peculiar como en principio uno podría haber imaginado. De hecho, los casos clínicos que han sido citados hasta ahora, fuera de la problemática personal o social que entrañaban, no resultaban especialmente llamativos en relación con su apariencia externa. Ocasionalmente, uno podría haberse encontrado y charlado con alguno de ellos, sin que le llamara especialmente la atención su forma de ser, habiendo pasado desapercibida su posible problemática.

La tipología de afectados que a partir de ahora se mencionará difícilmente pasarían por alto. La rareza de quienes presenten buena parte de las características de personalidad de las que aquí se van a tratar sería a todas luces manifiesta.

8.2. Un patrón conductual semejante al de la esquizofrenia

Se trata de un grupo de personas que presentan un patrón conductual emotivo y cognitivo semejante al de la *esquizofrenia*. La diferencia entre unos y otros sería más de cantidad que de calidad. Es decir, presentarán características muy parecidas, pero en el caso de los individuos con un trastorno de la personalidad de esta índole, los síntomas estarán mucho más atenuados que en el caso de quienes sufran una esquizofrenia en sentido estricto.

La esquizofrenia es un síndrome psiquiátrico de cierta gravedad, que incapacita claramente al paciente para funcionar con normalidad. Bien es cierto que en la actualidad se dispone de fármacos capaces de compensar al afectado y hacer desaparecer buena parte de la sintomatología que lo afecta.

Sintomatología del síndrome esquizofrénico

Los síntomas se dividen en dos grupos:

❶ **Los positivos.** Implican una distorsión o un exceso en las funciones normales. Se incluyen los *delirios* (el más común es creerse perseguido o vigilado en todo momento), las *alucinaciones* (habitualmente oír voces acusatorias o amenazadoras), *alteraciones del lenguaje* (presentar un discurso que no sigue un hilo conductor, se pierde en detalles tangenciales al mensaje central y es incoherente) y *desorganización conductual* (comportamiento inapropiado, como hablar solo, insultar a quienes se cruza por la calle, etc.). Este tipo de síntomas es

el que, por su apariencia, más claramente permite distinguir a una persona afectada de esquizofrenia.
❷ **Los negativos.** Suponen una pérdida o disminución en las funciones normales. Incluyen el *aplanamiento afectivo* (escasa experiencia y expresividad emocionales), el *empobrecimiento de lenguaje y pensamiento*, y *la abulia* (incapacidad para iniciar comportamientos dirigidos a obtener un fin; falta de voluntad).

Lógicamente, no siempre están presentes todos ellos, sino que normalmente se pueden encontrar diferentes combinaciones de estos síntomas.

La personalidad esquizoforme: una esquizofrenia suavizada

En el caso de quienes presentan un perfil de la *personalidad esquizoforme*, estos síntomas estarán presentes de manera atenuada, es decir, se podría considerar que padecen una esquizofrenia suavizada.

Los delirios de persecución serían substituidos por *ideas de referencia* (sentir que los demás hablan o se fijan especialmente en uno, manteniendo cierta capacidad para dudar de la veracidad de esas impresiones); las alucinaciones, por *experiencias perceptivas peculiares* (ilusiones en las que se cree haber percibido algo más allá del estímulo real, manteniendo en cierta medida el criterio de irrealidad); el desorden conductual, por *comportamientos poco comunes o atípicos*, pero tolerables (por ejemplo, usar una indumentaria poco convencional y fuera de modas); y las alteraciones en el discurso, por una forma de hablar peculiar (excesivamente impresionista o poco concreta). Será característica la presencia de un *pensamiento de tipo mágico* (existirán creencias de muy diversa índole sobre videncia, brujería, ocultismo, etc.), y también puede darse *apatía por las relaciones interpersonales*, con un marcado *distanciamiento afectivo* respecto a quienes les rodean.

La hipótesis de una misma alteración de transmisión genética

Diversos trabajos sobre las causas de la esquizofrenia y su posible transmisión genética han permitido apreciar que entre los familiares de primer orden (padres y/o hermanos) de afectados con este síndrome psiquiátrico, existe una elevada presencia del perfil de personalidad que se ha descrito. En otras palabras, en aquellas familias en las que un miembro padece esquizofrenia, sus padres y/o hermanos tienen una mayor probabilidad, respecto a la población general, de presentar un perfil de personalidad de tipo esquizoforme.

Esta observación, junto con la elevada similitud entre los síntomas de estos dos grupos (esquizofrénicos y afectados con trastorno de la personalidad esquizoforme), ha llevado a muchos especialistas a considerar que se trata de distintas manifestaciones de una misma alteración bioquímica de transmisión genética.

Una vulnerabilidad biológica y un ambiente determinado

En conclusión, existiría una vulnerabilidad biológica transmitida genéticamente que, en caso de coincidir con unos factores ambientales determinados (durante el embarazo o posnatales), implicaría el desarrollo del síndrome psiquiátrico conocido como esquizofrenia. Caso de que esos factores ambientales no se dieran, esa predisposición heredada se manifestaría en una forma de ser que recordaría a la sintomatología esquizofrénica, pero que resultaría menos incapacitante por cuanto sería claramente de menor magnitud.

Si se considera, como se ha venido haciendo hasta ahora, esas características de personalidad en un continuo, se podrá situar en él a cuantos nos rodean en función de la intensidad en que presenten esos rasgos. Desde la ausencia total de comportamientos de este tipo, pasando por cierta excentricidad, hasta su más amplia y notable presencia.

Concluyendo, las personas que se pueden englobar en esta categoría de trastorno de la personalidad llamarán la atención por su rareza. Su apariencia resultará extraña o excesivamente sofisticada, al igual que su discurso, el cual puede llegar a ser difícil de entender, conteniendo constantes referencias a sucesos mágicos o fenómenos paranormales. Acostumbrarán ser altamente recelosos y suspicaccs, incluso limitando sus relaciones sociales, por las que pueden llegar a mostrar indiferencia o desgana. Llegará a ser difícil detectar su estado anímico, pues parecerá que carezcan de vida emocional.

8.3. Algunas evidencias experimentales

Un funcionamiento cognitivo anómalo

Diversos autores, entre ellos Paul Meehl, uno de los pioneros en el estudio de este constructo, han sugerido que la dimensión de personalidad *esquizotipia* estaría relacionada con déficit en la atención y percepción de estímulos ambientales significativos, en el procesamiento de la información nueva relacionándola con experiencias pasadas (implicaría a la memoria) y en la selección de estrategias conductuales apropiadas. Es decir, en quienes fuera predominante esta dimensión de personalidad, existiría un funcionamiento cognitivo anómalo que afectaría gran parte de los procesos psicológicos fundamentales.

Han sido múltiples las pruebas de laboratorio desarrolladas con el fin de determinar el alcance de estos posibles fallos cognitivos.

En pacientes esquizofrénicos, los resultados no dejan lugar a dudas: esos déficit existen. El rendimiento de personas con un perfil de personalidad esquizoforme en la mayor parte de estas pruebas es parecido, aunque menos disminuido, al de los esquizofrénicos.

Déficit en la atención y percepción de estímulos ambientales significativos

Cuando se han usado pruebas de laboratorio de tiempo de reacción similares a las ya comentadas a lo largo de este libro, pero en este caso sin implicación motivacional (sin que la respuesta emitida fuera seguida de consecuencias positivas o negativas), las personas con una elevada esquizotipia mostraban una menor velocidad de respuesta a estímulos simples. Esta lentitud se mantenía incluso cuando se usaban señales de advertencia que predecían la inmediata aparición del estímulo a responder y que, por tanto, habían de permitir prepararse para realizar una respuesta rápida. El uso de este tipo de estrategias beneficiaba claramente a quienes participaban del experimento, a excepción de aquellos con una elevada esquizotipia, que obtenían unos resultados similares a cuando esas señales no aparecían. Se podría considerar que estas personas no prestarían la misma atención a los estímulos significativos (en este caso, los que permitían prepararse para responder) que aquellos sin estas características de personalidad.

Una mayor distracción y un peor filtraje de la información

En este sentido, otros trabajos de laboratorio también han demostrado que esta tipología de personas es más fácilmente afectada por los estímulos periféricos a una tarea, posiblemente restando atención a los centrales. Es decir, que se distraerían más fácilmente con estímulos poco relevantes, impidiendo una buena concentración sobre aquellos que han de permitir una buena ejecución de la tarea.

Por ejemplo, se presentaban conjuntos de letras en una pantalla, y se pedía a los individuos que apretaran un botón si entre las letras se encontraba la A. Cuantas más letras distintas aparecían, o más oculta entre ellas estaba la A, mayor era la diferencia entre la ejecución de las personas sin y con estas características de personalidad, siendo más lentas aquellas con una elevada esquizotipia. Según se ha hipotetizado, existiría un posible déficit en el filtraje de la información.

Una respuesta inconsciente a los estímulos

Otro resultado interesante hace referencia al tiempo necesario de separación entre estímulos para que el primero no quede enmascarado por la aparición del segundo.

Conflictos interiores

Cuando dos estímulos se presentan seguidos con un intervalo de tiempo muy breve entre ellos, puede que el segundo en aparecer nos impida ser conscientes de la existencia del primero. Por ejemplo, en el laboratorio se presenta una diapositiva como puede ser la de un círculo de color azul; en cuestión de milisegundos, el círculo es sustituido por otra imagen como la de un grave accidente de tráfico. La mayoría de personas no será consciente de la presencia inicial de un círculo de color en la pantalla a no ser que el tiempo de separación entre las dos diapositivas sea de aproximadamente 200 milisegundos. Pues bien, aquellos con una elevada esquizotipia necesitarán intervalos de separación más largos (bastante más de 200 milisegundos) para ser conscientes de la aparición del círculo azul.

Por otra parte, existen trabajos que han demostrado la posibilidad de asociar dos estímulos incluso sin existir conciencia de percepción de uno de ellos, es decir, con intervalos entre estímulos inferiores a los 200 milisegundos. En el caso expuesto, se podría demostrar si, después de varias presentaciones del círculo azul inmediatamente seguido de la visión desagradable del accidente (separados por menos de 200 milisegundos) situar a los individuos experimentales ante un círculo azul claramente visible produjera una respuesta fisiológica y emocional parecida a la que provocaba la imagen del accidente (intranquilidad, aumento de la sudoración, etc.).

Según lo expuesto, las personas con una elevada ezquizotipia tendrán mayor dificultad para detectar la presencia de estímulos cuando éstos vayan inmediatamente seguidos de otros. Aun así, se ha demostrado que es posible que éstos sean asociados a otros, y en consecuencia dotados de significación emocional. Por ello, bien pudiera ser que las personas con una elevada esquizotipia respondieran emocionalmente a múltiples estímulos sin ni siquiera haber tenido conciencia de haberlos percibido. En parte, esto podría explicar su estilo de pensamiento mágico y su excentricidad.

Aprendizajes verbales limitados

En esta tipología de personas, también parecen existir limitaciones en cuanto a la realización de aprendizajes verbales. Personas afectadas con trastornos de personalidad de esta índole y pacientes esquizofrénicos, estos últimos en mayor medida, mostraban una menor capacidad para retener palabras de una lista, y parecían menos aptos para usar estrategias que podían facilitar el recuerdo, como pueda ser la aplicación de categorías semánticas.

Es decir, será más fácil recordar una lista como silla, cama, armario, mesa, taburete, cajón, estantería, etc., si se tiene en cuenta que todas las palabras hacen referencia a muebles, que no si uno intenta simplemente recordar palabras totalmente independientes entre ellas (por ejemplo, caballo, mesa, computadora, océano, amarillo, tarjeta, pinza, etc.). Pues bien, aquellos con unas características de personalidad de las que aquí nos ocupan, no mostrarán mayor facilidad para un tipo u otro de lista.

Déficit en las capacidades memorísticas

En relación con lo anterior, cuando se trata de evaluar sus capacidades memorísticas, estas personas muestran una mayor dificultad para recordar informaciones en comparación con otras sin esos rasgos, pero no para reconocerlas. O sea, si pasado un tiempo después de aprendida una lista de palabras como las anteriores, uno pide a un grupo de personas que reciten cuantas sean capaces de recordar, aquellos con una elevada esquizotipia rendirán peor. Por el contrario, si se les enseña una lista extensa de términos en la que están contenidas las que habían aprendido anteriormente y se les pide que señalen las que reconozcan, no habrá diferencia en el rendimiento entre unos y otros. Este dato puede estar indicando problemas en las estrategias de almacenamiento de la información que dificultan su recuperación cuando ésta debe hacerse libremente y no de manera guiada.

8.4. Casos clínicos

Susana: una desconfianza extrema

Susana era una mujer altamente suspicaz; según ella misma explicaba, nunca se había sentido lo suficientemente cómoda en una relación como para llegar a confiar plenamente en la otra persona. Si algún desconocido se acercaba a ella, sospechaba que lo movía la existencia de intereses ocultos. Incluso dudaba de la lealtad o bondad de quienes conocía (amigos de la familia, compañeros de trabajo, vecinos, etc.). Constantemente se mostraba a la defensiva, sin confiar sus intimidades o sentimientos absolutamente a nadie.

Lógicamente, esta actitud le había generado graves dificultades sociales. Carecía de amigos íntimos, todas sus relaciones eran superficiales y de corta duración (excepto con su marido, con quien llevaba casada cinco años, aunque de él también desconfiaba). No pasaba mucho tiempo antes de que se sintiera ofendida o ultrajada por alguien y decidiera romper su relación con esa persona. Si consideraba, como ocurría frecuentemente, que alguien le había fallado u ofendido de alguna manera, no podía más que recordarlo para siempre, siendo incapaz de perdonar y olvidar. Cuando veía a dos conocidos suyos charlando, fácilmente tenía la sensación de que la estaban criticando. Esto le había llegado a pasar incluso con desconocidos: sólo con que casualmente su mirada se cruzara con la de alguno de ellos, ya pensaba que comentaban algo sobre ella.

Unos peculiares métodos de trabajo basados en la sospecha

Aparte de los lógicos problemas en su vida social, esta forma de ser la perjudicaba en el trabajo. Susana era agente inmobiliario y su sueldo dependía de las ventas que consiguiera. Cuando alguna se frustraba, rápidamente sospechaba de la intervención oculta y malintencionada de alguno de sus compañeros (y «competidores») de trabajo; si un cliente pedía tiempo para meditar sobre una posible compra, ella imaginaba que intentaba hablar con algún «contrincante» para conseguir un precio más bajo; nunca comentaba las ventas que tenía en cartera con sus compañeros, no fuera caso que intentaran quitárselas; por eso, también solía quedar con sus clientes fuera de la oficina, donde no pudieran coincidir con sus colegas. Su comportamiento esquivo y sus peculiares métodos de trabajo le habían hecho ganar mala fama entre los otros vendedores de la agencia, quienes en realidad cumplían las normas del juego limpio entre ellos y mantenían un buen ambiente laboral. La consecuencia de todo ello era que ciertamente habían empezado a dejarla de lado, a hablar mal de ella a sus espaldas y a mostrar poco interés por ayudarla o facilitarle una venta (sus sospechas finalmente se cumplían).

La adaptación del entorno contra la continua sospecha

Quien también había sido víctima de su desconfianza patológica era su marido. Habitualmente, la encontraba malhumorada y resentida si se retrasaba volviendo de la oficina, con lo cual era impensable que pudiera proponerle salir a tomar una copa con un amigo o un cliente si ella no le acompañaba, y se enfrentaba a un escándalo si era sorprendido simplemente mirando a una mujer atractiva que pasara por delante de él. Susana era tremendamente celosa. De forma parecida a como había sucedido en el trabajo de ella, su marido había empezado a actuar de acuerdo con la forma de ser de ella. Por ejemplo, llamaba avisando de que se retrasaría por una reunión en la oficina cuando en realidad había quedado para discutir algún asunto tomando una copa con algún compañero; no comentaba jamás en casa si a la hora de comer había coincidido con alguna colega en el restaurante; o bien fingía que todas sus clientes eran poco atractivas y antipáticas, etc. Ni que decir tiene que todas esas mentiras o excusas no tenían otro propósito que evitar una discusión, provocando un grave conflicto si en alguna ocasión era descubierto.

La consolidación del problema por la respuesta del entorno

Es importante tener en cuenta cómo la conducta de Susana tenía un efecto claro sobre aquellos que se relacionaban con ella. Involuntariamente le seguían el juego y le daban argumentos o razones para creer más vehementemente en la animadversión que despertaba en los demás o en las malas intenciones ocultas de éstos. Se establecía una especie de retroacción en la que su comportamiento modulaba el de los demás, reforzando y perpetuando sus patrones conductuales y su modo de interpretar las situaciones.

O sea, ella conseguía con su comportamiento que los demás acabaran realmente criticándola y actuando a sus espaldas, y esto justificaba a la larga su manera de proceder desde el principio. En cierta ocasión argumentó: «Cómo no voy a desconfiar de mi marido si el otro día descubrí que me había engañado al decir que su nueva secretaria no era nada atractiva. Pasé casualmente por su oficina y resulta que se trata de una chica joven y muy guapa. Si me engañó, por algo será, algo querrá con su secretaria». Susana se equivocaba sólo a medias: su marido sí la había engañado, pero no por lo que ella pensaba. Él sabía que decirle que su nueva secretaria era joven y atractiva hubiera supuesto discutir durante horas sobre quién la había escogido, con qué criterios, si tenía novio, o cómo vestía. Ello implicaría un interrogatorio diario al volver a casa desde el trabajo, llamadas frecuentes a la oficina, visitas sorpresa, etc. Justo lo que pasó después de que ella viera a la secretaria.

A pesar de sus comportamientos inapropiados, la apariencia externa de la afectada no resultaba un indicio claro de trastorno. En muchos otros casos de personalidad esquizoforme sí que lo será, como, por ejemplo, en el siguiente.

Santiago: una extravagancia patológica

Este paciente siempre vestía completamente de verde (de la cabeza a los pies, por dentro y por fuera) y lo justificaba diciendo que ése era el color de la esperanza y que usando sólo prendas de ese color se conseguía ser más afortunado. («Si no las llevara, seguro que me ocurrirían graves desgracias.») Denotaba un pensamiento mágico y un comportamiento exageradamente supersticioso.

Pero no terminaban ahí sus peculiaridades. Era un asiduo lector de libros sobre brujería, magia negra, esoterismo, etc., y coleccionaba gran cantidad de amuletos, fetiches, talismanes y otros objetos parecidos, a los cuales profesaba un gran culto. Explicaba haber vivido experiencias extrañas y sobrenaturales, por ejemplo, haber soñado con una persona a la que hacía tiempo que no veía, y al día siguiente haberla encontrado por la calle. También había tenido con cierta frecuencia la sensación de estar reviviendo lo que le ocurría, a pesar de que quienes estaban con él negaban haber estado anteriormente en esa situación; un día, justo antes de dormirse, había visto a su abuelo, quien había muerto días antes, observándolo desde los pies de la cama.

Una cuestión de interpretación y estadística

Todos nosotros somos susceptibles de haber vivido en alguna ocasión este tipo de experiencias. En realidad, son bastante frecuentes. La peculiaridad de Santiago radicaba en la significación que les daba y la manera como podían llegar a determinar su comportamiento.

Entra dentro de las leyes de la probabilidad que soñemos o pensemos en alguien y casualmente lo encontremos ese mismo día o al poco tiempo. Lo que en principio parecería un fenómeno paranormal se convertirá en mundano tan sólo si nos tomamos la molestia de contar las veces que esto sucede (llamando poderosamente nuestra atención) y las ocasiones en las que, tras pensar en alguien, no lo encontramos (nos pasa desapercibido por ser lo normal). Los números serán aplastantemente favorables a la segunda de las posibilidades, con lo que nuestra capacidad de adivinación quedará reducida a la mínima expresión, lo esperable por azar.

El fenómeno del déjà vu

Respecto a la sensación de estar reviviendo sucesos, se trata de un fenómeno conocido como *déjà vu* («ya visto» en francés) y que se explica por el propio funcionamiento de los *procesos mnésicos*. La recuperación de informaciones desde la memoria se realiza mediante la ayuda de *claves* (indicios que facilitan la reconstrucción del material guardado en la memoria). Si alguno de los estímulos presentes en la situación actual coincide con una clave asociada a un recuerdo (un comentario, la aparición de un conocido, etc.) puede suceder que se active la recuperación de éste, produciéndose la extraña y falsa sensación de que el suceso completo ya había sido vivido con anterioridad.

Las alucinaciones hipnagógicas

El último de los ejemplos corresponde a las llamadas *alucinaciones hipnagógicas* que se dan en los primeros estadios del sueño, cuando nuestro cerebro está poco por debajo del nivel de consciencia, es decir, cuando estamos tan superficialmente dormidos que cualquier pequeño estímulo puede despertarnos. Las propias sensaciones o imágenes soñadas pueden llegar a desvelarnos, pareciéndonos extrañamente reales. Una alucinación hipnagógica muy común es la sensación de estar cayendo y despertarnos con la sacudida que se produce cuando llegamos al suelo.

Otras conductas extrañas

Según sus familiares, Santiago tenía otros comportamientos atípicos. Pasaba muchas horas mirándose al espejo y haciendo caras extrañas sin que nadie llegara a saber qué es lo que pasaba por su cabeza. Cuando se le pedía información al respecto, sus respuestas eran siempre evasivas. Habitualmente le sorprendían hablando solo, como si estuviera explicándose a sí mismo todo lo que iba haciendo.

Su razonamiento era en muchas ocasiones difícil de seguir, llevándole a conclusiones o a comportamientos que el resto de la familia no compartía y muy a menudo no llegaban ni a entender. Por ejemplo, en una ocasión en que le pareció haber visto gente sospechosa en la calle y debía salir de casa dejándola deshabitada, escondió el televisor, el video y el equipo de música en el baño. Como después explicó, lo hizo porque la puerta del balcón no cerraba bien y si aquellos individuos llegaban a entrar para robar mientras él estaba fuera, seguro que no mirarían en el baño y no encontrarían los electrodomésticos que él consideraba de valor. Ni que decir tiene que la primera persona en llegar (su hermano) se llevó una sorpresa mayúscula al pensar que les habían robado y luego encontrar esos electrodomésticos en el baño.

Falta de habilidades para la interacción social
Finalmente, se daba también el caso de que Santiago era una persona con graves dificultades de relación social. Carecía de habilidades para la interacción con los demás. No miraba a los ojos de su interlocutor; hablaba con un tono de voz poco expresivo (muy aplanado) y a un volumen muy bajo; usaba expresiones inapropiadas por cuanto estaban fuera de lugar (por ejemplo, «discúlpeme la interrupción» para tomar la palabra en una situación coloquial); y tartamudeaba con facilidad al ponerse nervioso. Su peculiar aspecto era un agravante, puesto que generaba rechazo o burla.

Está claro que, a pesar de compartir ciertas anomalías perceptivas o cognoscitivas y conductuales, la extravagancia de Susana no era ni la mitad de espectacular que la de Santiago. Éste se situaría mucho más cerca de la esquizofrenia en el continuo de personalidad llamado *esquizotipia*.

8.5. Tratamiento

Los experimentos citados anteriormente ponían en evidencia los déficit atencionales, mnésicos y de aprendizaje en personas con una elevada esquizotipia, pero ¿cómo se relacionan esos déficit y los síntomas observables en la práctica clínica? ¿Cómo se pueden modular esos procesos psicológicos básicos que resultan alterados?

Estrategias terapéuticas más intuitivas que científicas
Para estas preguntas aún no se dispone de respuestas claras: están quienes se han aventurado a darlas, pero sus

explicaciones resultan más especulativas que basadas en la evidencia científica. Todo ello dificulta el desarrollo de estrategias terapéuticas eficaces para esta tipología de trastorno de la personalidad, trabajándose en gran medida a nivel intuitivo.

Sin pretender sentar las bases de un enfoque terapéutico estandarizado, se comentarán las estrategias que en los dos casos mencionados fueron puestas en práctica.

La asunción del trastorno

En el caso de Susana, su mayor capacidad crítica le permitía poder valorar con más exactitud la inadecuación de algunos de los comportamientos o de las interpretaciones que realizaba. El primer paso en el tratamiento de esta paciente fue el de hacerle entender y asumir cómo su forma de ser implicaba dificultades y la limitaba en diversos ámbitos de funcionamiento. Se partía de la base que la manera como tendía a interpretar buena parte de las situaciones en que se encontraba suponía una respuesta emocional negativa, que resultaba en conductas agresivas o defensivas congruentes con su estado anímico. Estos comportamientos acababan repercutiendo en su entorno, originando en aquellos que la rodeaban las respuestas que precisamente ella había intentado rehuir (rechazo, engaño, etc.).

La potenciación de la autocrítica

El trabajo con la afectada se desarrolló a cuatro niveles (interpretación, emoción, conducta y entorno). Se realizó un registro de situaciones en las que Susana se sentía traicionada, atacada u ofendida de alguna manera. En la consulta, eran discutidas y se la alentaba a sugerir interpretaciones alternativas a la original de lo que había sucedido. Con ello, se pretendía conseguir que adquiriera un mayor sentido crítico, siendo capaz de poner en duda la primera idea que normalmente tendía a formarse de un suceso. Una vez capaz de dudar de su infalibilidad juzgando, también debería serlo de razonar encontrando explicaciones alternativas.

El control de la agresividad

Al mismo tiempo, se practicaban estrategias para el control de la agresividad que debían permitir un control de la excitación nerviosa y la adquisición de conductas prosociales.

La erradicación de conductas desadaptativas y de comprobación

Se realizó una lista de conductas desadaptativas, que reforzaban su suspicacia y le impedían comprobar la validez de sus juicios (por ejemplo, «si no hablo con alguien porque sospecho que es antipático, no tendré la oportunidad de confirmar ese supuesto»). Se planificó la manera de ir erradicándolas, al mismo tiempo que se valoraba la certeza de las presunciones que las habían mantenido hasta ese momento. Respecto a las que indiscutiblemente confirmaban su validez, se discutía cómo seguir aplicándolas de la mejor manera; en cuanto a las que no eran capaces de hacerlo o resultaban sin confirmación, se eliminaban. En este sentido, era también importante erradicar las conductas de comprobación que Susana llevaba a cabo, por ejemplo llamar a la oficina de su marido, o presentarse por sorpresa con el fin de descubrir si existía algo entre él y su nueva secretaria. La afectada era capaz de entender que ese tipo de conductas eran inapropiadas, valorando que no las toleraría si fuera su marido quien las practicara con ella. Este tipo de consideración era suficiente para determinar la inadecuación de una conducta.

A medio y largo plazo, Susana debería sopesar los posibles cambios que en su entorno se producían respecto a ella (cambios de actitud de sus compañeros de trabajo, relación con su marido, etc.) y tener en cuenta retrospectivamente si la situación había realmente cambiado para mal desde que no usaba las estrategias conductuales que había estado poniendo a prueba antes de iniciado el tratamiento (si habían disminuido sus ventas, si pasaba su marido menos horas con ella, si había empeorado la calidad de su relación de pareja, etc.). La baza con que se jugaba era que, con ello, no sólo se presumía que no empeorarían, sino que mejorarían.

La aceptación de explicaciones alternativas

En el caso de Santiago, el tratamiento psicológico resultaba dificultado por su menor sentido crítico y de realidad. Era muy difícil trabajar la interpretación que hacía de determinados sucesos o situaciones, así que se optó simplemente por proporcionarle explicaciones alternativas a la sobrenatural que tenía tendencia a realizar. Así, por ejemplo, se le ofrecieron razones científicas sobre las extrañas experiencias perceptivas que había vivido. Sin entrar a discutir la conveniencia o no de algunas de sus creencias, lo que se perseguía era independizar en la medida de lo posible su comportamiento de esas creencias, limitando al máximo sus múltiples rituales.

La exclusión de conductas de evitación o de seguridad

El objetivo terapéutico marcado era el de normalizar funcionalmente a Santiago, es decir, conseguir que fuera capaz de desenvolverse con relativa normalidad y autonomía. Se trataron las conductas supersticiosas que realizaba exponiendo al afectado al estímulo o a la situación temida (generadora de ansiedad) y controlando e impidiendo la realización de conductas de evitación o de seguridad que hacían disminuir de manera inmediata esa ansiedad, pero que a largo plazo mantenían la capacidad del estímulo para generar miedo. En este caso, todo este proceso resultó mucho más laborioso y difícil por el fuerte componente místico de algunas de sus compulsiones.

La práctica de habilidades sociales

A medida que su apariencia y su comportamiento social dejaban de ser tan llamativos, se empezaron a trabajar las habilidades sociales. Se practicaron estrategias y técnicas (inicio y mantenimiento de una conversación, contacto visual, expresión facial, tono de la voz, etc.) que debían facilitar los contactos interpersonales y el desarrollo de relaciones sociales.

La intervención farmacológica

A nivel farmacológico, los *neurolépticos* son un tipo de fármacos que han demostrado una buena eficacia en el tratamiento de la esquizofrenia (básicamente sobre los síntomas positivos). Como se desprende de diversos ensayos clínicos realizados en diferentes centros hospitalarios, este tipo de sustancias, administradas a dosis bajas, también parecen resultar útiles en el abordaje terapéutico de esta tipología de trastorno de la personalidad. Tanto Susana como Santiago se beneficiaron de su uso.

9. Consideraciones finales

Sería conveniente notar que las tres tipologías de trastorno de la personalidad tratadas en este libro surgen de la consideración de comportamientos problemáticos frecuentemente hallados en la práctica clínica. Así, se ha diferenciado entre aquellos que presentan una elevada inhibición conductual (*ansiosos*), quienes son incapaces de detener su tendencia a actuar a pesar de las previsibles consecuencias negativas (*impulsivos*) y los que resultan excesivamente extravagantes en su forma de pensar y actuar (*esquizoformes*). Se ha intentado explicar cada uno de ellos en función de una visión dimensional que acerque la conceptualización de este tipo de trastornos a los modelos teóricos de la personalidad que un mayor desarrollo científico han experimentado durante los últimos años.

Cabe considerar que las dimensiones de personalidad comentadas, y que daban cuenta de cada una de las problemáticas conductuales citadas, son independientes entre sí (a excepción de la relación ya mencionada –véase pág. 103– entre sensibilidad a la recompensa y necesidad de estimulación e inmediatez). Por ello, existe la posibilidad de encontrar casos que compartan dos o tres de las características comportamentales citadas. Ya se ponía de manifiesto en el caso de Ana, quien realizaba un buen número de conductas impulsivas y antinormativas, mostrando a la vez comportamientos típicamente ansiosos (véase pág. 108).

Por ejemplo, un afectado en el que además de una elevada sensibilidad a la recompensa y ansiedad también existiera una alta esquizotipia, mostraría gran número de conductas desadaptativas y problemáticas, dificultando considerablemente su abordaje terapéutico.

En el tratamiento de los afectados con un trastorno de la personalidad, el terapeuta debe ser consciente de los límites de su posible intervención, no dejándose llevar por falsos entusiasmos que puedan hacer creer al afectado, o a su familia, que son posibles cambios radicales del temperamento. La posibilidad de intervención está limitada a modificar algunas de las manifestaciones fenotípicas (patrones conductuales definidos como problemáticos) del genotipo de la persona, pero manteniendo su idiosincrasia. Así, un ansioso no se convertirá en un amante del riesgo, pero se deberá conseguir que deje de estar limitado por su mayor tendencia a percibir amenazas y a inhibir su comportamiento, aun asumiendo que siempre será una persona cautelosa, reflexiva y comedida.

Sería peligroso que clínico y paciente se marcaran un ideal temperamental, dirigiendo la intervención terapéutica a intentar un acercamiento a éste. Cada cual debe ser consciente de sus potencialidades personales, sacando el mayor provecho de ellas, y ése debe ser parte del objetivo de la intervención terapéutica. Pensar que determinadas características de personalidad comportan una mejor calidad de vida es un error. Cuando se pregunta, la mayoría de personas desearía ser extravertida (en su sentido más restringido a las relaciones interpersonales), siendo el rasgo de menor sociabilidad poco valorado. Sin embargo, lo cierto es que tanto una característica de personalidad como otra poseen ventajas e inconvenientes. Un extravertido tendrá mayor facilidad para interaccionar y establecer relaciones sociales, pero al mismo tiempo será poco fiable guardando un secreto y, por ejemplo, en el trabajo, mostrará una baja estabilidad y constancia en lo que emprenda. Un introvertido será probablemente una compañía menos divertida, pero guardará más celosamente el secreto que le confiemos y, volviendo al ejemplo del área laboral, en su trabajo será constante y autónomo.

En definitiva, desde el punto de vista dimensional, no existen rasgos de personalidad patológicos *per se*, sino que presentarlos en forma extrema es lo que puede resultar en comportamientos desadaptativos, y por ende en lo que se llama un *trastorno de la personalidad*. Desde este punto de vista, la intervención terapéutica debe ir dirigida a determinar y actuar sobre los procesos que explican la presencia de esos patrones conductuales. El objetivo debe ser conseguir eliminar aquellas conductas que resultan desadaptativas y facilitar el máximo aprovechamiento de las potencialidades de cada cual, respetando la propia idiosincrasia.

Colección
Punto de encuentro
Títulos publicados

AMORES Y DESAMORES. LA VIDA EN PAREJA
M.ª Antonia Güell Roviralta

CONFLICTOS INTERIORES. LA PERSONALIDAD Y SUS TRASTORNOS
Xavier Caseras i Vives

CUANDO QUERER NO ES PODER. LA DISFUNCIÓN ERÉCTIL
Josep M.ª Farré i Martí / Facund Fora i Eroles

DORMIR SIN DESCANSO. TRASTORNOS DEL SUEÑO
Eduard Estivill Sancho

ENFERMOS IMAGINARIOS. LA HIPOCONDRÍA
M.ª Dolores Avia Aranda

INOCENCIA ROTA, LA. ABUSOS SEXUALES A MENORES
Félix López Sánchez

MENTES EN DESVENTAJA. LA DISCAPACIDAD INTELECTUAL
Luis Salvador Carulla / Carmen Rodríguez Blázquez

NO ME ACUERDO. TRASTORNOS DE LA MEMORIA
Teresa Boget Llucià / Rafael Penadés Rubio

¿QUÉ LE PASA A MI HIJO? TRASTORNOS PSICOLÓGICOS DEL NIÑO
Conxita Puig i Rovira / Cristina Balés i Gómez

UNA MENTE ESCINDIDA. LA ESQUIZOFRENIA
Jordi Obiols Llandrich

USTED NO TIENE NADA. LA SOMATIZACIÓN
Javier García Campayo

VIVIR BAJO PRESIÓN. EL ESTRÉS
Miquel Casas Hilari